100% apéro

Thomas Feller

FIRST
Editions

Légende des pictos

🍪 .... Nombre de personnes

🥄 .... Temps de préparation

🍳 .... Temps de cuisson

🌙 .... Temps de repos

🍶 .... Temps de réfrigération

❄ .... Temps de congélation

© Éditions First, 2012

ISBN : 978-2-7540-3793-8
Dépôt légal : juillet 2012
Imprimé en Italie

Direction éditoriale : Aurélie Starckmann
Édition : Marine Schoeser
Mise en page : Les Paoistes
Couverture : Olivier Frenot

Éditions First-Gründ
60, rue Mazarine
75006 Paris
Tél. 01 45 49 60 00
Fax 01 45 49 60 01
E-mail : firstinfo@efirst.com

Site internet : www.editionsfirst.fr - www.grund.fr

Introduction

Apéritif vient du latin *apertivus*, dérivé *d'aperire* qui signifie « ouvrir ». Ouvrir l'appétit bien sûr, mais aussi la convivialité, le plaisir d'être ensemble et celui de partager.

Car à l'apéritif, c'est surtout de partage qu'il s'agit. Partager un moment, un verre, l'amitié et, bien entendu, un peu de nourriture. Et dans ce cas, pourquoi ne pas préparer des recettes bonnes, simples, originales et faciles ?

On aime tous les cacahuètes, les mini-pizzas et autres petits amuse-bouche gras et croustillants que nous propose notre industrie agroalimentaire, mais je suis sûr que vous ne seriez pas contre le fait de déguster autre chose !

Autre chose, c'est ce que vous propose ce livre, des recettes plus ou moins longues à préparer mais toujours accessibles et originales même si elles sont connues. On oublie souvent le goût du fait maison avec des produits frais. Vous régalerez vos convives qui, j'en suis certain, ne demanderont qu'à revenir !

Piochez dans les différents chapitres pour réaliser votre apéritif. Et surtout n'hésitez pas à apporter votre touche personnelle qui fera de votre apéritif THE APERO dont tout le monde se souviendra.

Je vous donne aussi quelques idées de cocktails avec et sans alcool, car tout le monde les aime. Les doses d'alcool indiquées sont souvent raisonnables et permettent donc de se resservir.

En attendant de mettre aussi de la musique, cuisinez bien, cuisinez fort et cuisinez avec amour, c'est souvent cet ingrédient-là qui fait la différence.

Apéro entre copains

•

La playlist

Pour commencer :
La BOF du film *High Fidelity*
La BOF du film de David Lynch *Sailor et Lula*

Pour continuer :
Un disque du groupe Air
Un best of Ibiza

Et pour finir :
Un best of des 70's et des 80's
Un disque de Sébastien Tellier
Le best of de Daft Punk

Quelques cocktails
(Les doses sont pour 1 personne)

Bloody Mary : mélangez 15 cl de jus de tomate avec 2 à 3 cuillerées à soupe d'une bonne vodka. Ajoutez quelques gouttes de Tabasco®, une larme de sauce anglaise, un peu de sel de céleri, et décorez avec 6 glaçons, 1 quartier de citron et 1 petite branche de céleri avec des feuilles. Vous pouvez faire la même chose avec de la tequila, et votre cocktail se transformera en Bloody Maria !

Mojito : dans un grand verre, écrasez à l'aide d'un petit mortier 1 dizaine de feuilles de menthe. Ajoutez des rondelles d'½ citron vert, écrasez-les à leur tour et saupoudrez le tout d'1 cuillerée à café de sucre de canne. Ajoutez 2 à 3 cuillerées à soupe d'un bon rhum blanc et ajoutez 10 cl de Perrier®. Pour finir, décorez avec 6 glaçons, 1 quartier de citron vert et 1 petit brin de menthe.

Gin Fizz : mettez dans un verre le jus d'½ citron, ajoutez 1 cuillerée à soupe de sirop de sucre de canne, 2 à 3 cuillerées d'un très bon gin et mélangez bien. Ajoutez 6 glaçons, 1 quartier de citron et couvrez de Perrier®. Décorez avec 1 bâton de concombre. À essayer avec du citron vert !

Jus de légumes : passez à la centrifugeuse 1 carotte, 1 pomme, 2 cm de gingembre frais, et ajoutez pour décorer quelques feuilles de coriandre, 1 quartier de citron et 6 glaçons. Si vous ne possédez pas de centrifugeuse, mélangez 10 cl de jus de carotte avec 10 cl de jus de pomme frais, ajoutez 1 pincée de gingembre en poudre et la décoration.

....

Jus de fruits aux épices : mélangez 5 cl de jus d'orange frais avec 5 cl de jus d'ananas, ½ banane écrasée et le jus et la chair d'un fruit de la passion. Ajoutez 1 pincée de cannelle, de gingembre, de cardamome et 1 quartier de citron vert. Mélangez bien et terminez par 1 brin de menthe et quelques glaçons.

Guacamole de brocolis

🍽 4 • 🥄 10 min • ⏲ 10 min

....

1 tête de brocoli • 1 dizaine de brins de coriandre •
1 échalote • ½ citron vert • 1 cuil. à soupe d'huile d'olive
• ½ cuil. à café de chili powder (mélange d'épices tex
mex) • sel • poivre

....

❶ Coupez le pied du brocoli et faites cuire les fleurs
pendant 10 minutes dans de l'eau bouillante salée.
Égouttez-les et laissez-les refroidir. Pendant ce temps,
effeuillez la coriandre. Épluchez et hachez l'échalote.
❷ Écrasez le brocoli à l'aide d'un presse-purée ou d'un
moulin à légumes. Mélangez à la purée le jus du citron vert,
l'huile d'olive, l'échalote, le chili powder et la coriandre.
Vérifiez l'assaisonnement en sel et en poivre. Servez bien frais.

Notre conseil : selon vos goûts, vous pouvez ajouter
un peu de gingembre frais ou d'ail haché.

Pesto de roquette

🍲 4   🥄 10 min   🍳 5 min

100 g de roquette • 1 gousse d'ail • 2 cuil. à soupe de pignons de pin • 25 g de parmesan • 10 cl d'huile d'olive • sel • poivre

❶ Épluchez l'ail, nettoyez et essorez la roquette. ❷ Dans une poêle sans matières grasses, faites revenir les pignons de pin. Dès qu'ils commencent à colorer, retirez-les de la poêle. ❸ Dans le bol d'un mixeur, versez tous les ingrédients et actionnez votre robot jusqu'à ce que vous obteniez un pesto homogène. Assaisonnez de sel et de poivre et servez aussitôt ou gardez au frais.

Notre conseil : pour adoucir le goût, ne mettez pas d'ail et remplacez les pignons de pin par des amandes effilées grillées. Vous pouvez bien sûr faire le même type de pesto avec de la coriandre, du basilic thaï ou, pourquoi pas, du basilic pourpre.

Purée de pommes de terre, copeaux d'Auvergne et olives

🍪 4 🥄 10 min 🍲 20 min

400 g de pommes de terre • 10 cl de crème liquide • 25 g de beurre • 1 tablette de bouillon de volaille • 1 cuil. à soupe d'olives noires à la grecque dénoyautées • 100 g de cantal • sel • poivre

❶ Épluchez les pommes de terre. Mettez-les dans une casserole remplie d'eau froide avec du sel et la tablette de bouillon de volaille. Portez à ébullition et laissez cuire 15 minutes : la pointe d'un couteau que vous enfoncez à cœur ne doit rencontrer aucune résistance. Pendant ce temps, montez en chantilly épaisse la crème fraîche.
❷ Égouttez les pommes de terre et passez-les au moulin à légumes muni d'une grille fine. Vérifiez l'assaisonnement et remettez la purée dans la casserole à feu moyen sans cesser de remuer. Ajoutez le beurre petit à petit, sans cesser de mélanger. Coupez le feu et ajoutez la chantilly, répartissez la purée dans 4 verrines. À l'aide d'un épluche-légumes, faites des copeaux de fromage et ajoutez-les à la purée, ainsi que les olives. Servez aussitôt.

Rillettes maison

3 pots 🥄 20 min 🍳 4 h

1,2 kg de poitrine de porc fraîche • 1 petit pot de poivre vert en conserve • 2 feuilles de laurier • 2 branches de thym • 1 gousse d'ail • 2 cm de gingembre • 15 cl de vin blanc sec • sel • poivre

❶ Retirez la couenne et le cartilage du porc (ou demandez au boucher de le faire), découpez la viande en gros morceaux. Mettez-les dans une casserole et couvrez d'eau. Portez à ébullition et laissez cuire à feu doux pendant 3 heures en vous assurant qu'il reste toujours un peu d'eau dans la casserole. ❷ Pendant ce temps, épluchez et hachez l'ail et le gingembre. Égouttez le poivre vert. Après 3 heures de cuisson, ajoutez l'ail, le gingembre, le poivre vert, le laurier, le thym et le vin blanc. Poursuivez la cuisson pendant 1 heure en remuant souvent afin que les rillettes n'attachent pas au fond de la casserole. Il faut qu'elles commencent à confire dans leur graisse, ajoutez donc que peu d'eau petit à petit. Au bout de 4 heures de cuisson, écrasez les morceaux de porc avec un presse-purée et mettez-les dans des pots propres. Refermez-les et mettez-les au réfrigérateur. .

Notre conseil : les rillettes se conservent facilement 10 jours au réfrigérateur. Je vous conseille d'en préparer de grosses quantités, de les congeler et de les sortir au fur et à mesure de vos besoins.

Tartine de brousse aux anchois

🍪 4   🥄 5 min

----

4 petites tranches de pain de campagne ou 8 tranches de baguette • 4 cuil. à soupe de brousse (ou de brocciu ou de cottage cheese) • 8 filets d'anchois salés à l'huile d'olive • 1 gousse d'ail • poivre

----

❶ Égouttez les filets d'anchois. Épluchez l'ail. Faites griller le pain et frottez rapidement les tranches avec un peu d'ail. ❷ Étalez ensuite la brousse et posez par-dessus 1 filet d'anchois. Saupoudrez de poivre et servez aussitôt.

Tartine de figues au basilic, miel et fromage frais

🫓 4   🥄 5 min

4 petites tranches de pain de campagne ou 8 tranches de baguette • 50 g de fromage frais type St Môret® • 2 brins de basilic à petites feuilles • 6 figues noires de Solliès • miel • 1 gousse d'ail • poivre

❶ Retirez le pédoncule des figues et détaillez-les en tranches de 3 à 4 mm d'épaisseur. Épluchez l'ail. Faites griller le pain et frottez rapidement les tranches avec un peu d'ail. ❷ Étalez le fromage frais et ajoutez les rondelles de figues, du poivre, un peu de miel et quelques petites feuilles de basilic.

Soupe froide de courgettes et œufs de caille

🧑‍🍳 4 🥄 15 min 🍳 10 min

2 courgettes • 6 œufs de caille crus • 1 oignon nouveau • ½ gousse d'ail • 10 cl de crème liquide • 1 tablette de bouillon de volaille • sel • poivre

❶ Épluchez et hachez l'oignon et l'ail. Enlevez le bout des courgettes, coupez-les en 2 afin de retirer les graines et détaillez-les en gros morceaux. ❷ Mettez tous les légumes dans une casserole avec du sel, du poivre, la tablette de bouillon de volaille et couvrez à peine d'eau. Portez à ébullition et laissez cuire 10 minutes. À l'aide d'un mixeur plongeant, mixez longuement cette soupe. Vérifiez l'assaisonnement. ❸ En même temps, faites cuire les œufs de caille pendant 2 minutes 30 dans l'eau bouillante. Sortez-les de l'eau et rafraîchissez-les immédiatement dans de l'eau glacée. Épluchez-les délicatement et coupez-les en 2. ❹ Répartissez la soupe dans 4 tasses, ajoutez un généreux trait de crème fraîche et les œufs de caille. Servez aussitôt.

Cuillerée de chou-fleur, framboise et poitrine grillée

🍲 4 🥄 10 min 🍳 10 min

200 g de sommités de chou-fleur fraîches ou surgelées • 12 framboises fraîches • 50 g de lardons allumettes • 2 cuil. à soupe de vinaigre balsamique • 2 cuil. à soupe d'huile d'olive • sel • poivre

❶ Portez de l'eau salée à ébullition et faites cuire le chou-fleur pendant 5 minutes. Il doit être moelleux. Égouttez-le et coupez-le en petits morceaux. Répartissez-le sur des cuillères à soupe ou chinoises. ❷ Dans une poêle sans matières grasses, faites revenir les lardons avec du poivre jusqu'à ce qu'ils soient bien grillés. Coupez le feu, ajoutez le vinaigre et l'huile. ❸ Lorsque les lardons ont tiédi, répartissez-les dans les verrines et ajoutez les framboises. Salez et servez aussitôt.

Cuillerée de tomate, moutarde et estragon

🧍 4 🥄 10 min 🍳 10 min

---

1 tomate-cœur-de-bœuf • **½ cuil à café de moutarde de Dijon** • **½ cuil. à café de moutarde à l'ancienne** • **2 brins d'estragon** • **1 cuil. à soupe d'amandes effilées** • **sel** • **poivre**

---

❶ Dans une poêle sans matières grasses, faites revenir les amandes effilées. Dès qu'elles commencent à colorer, retirez-les immédiatement de la poêle. Effeuillez l'estragon. ❷ Incisez en croix la tomate et ébouillantez-la pendant 1 minute. Détaillez-la en cubes d'1 cm de côté. Salez, poivrez, et mélangez-les aux moutardes. ❸ Répartissez les cubes de tomate dans des cuillères à soupe ou chinoises. Saupoudrez d'amandes effilées et d'estragon, servez aussitôt.

Tomates confites à la vanille

🧑 4 🥄 15 min 🍳 3 h 🕐 6 h

1 douzaine de tomates Roma • 1 gousse de vanille • 2 gousses d'ail • 1 cuil. à soupe de sucre • 6 cuil. à soupe d'huile d'olive • 1 pincée de piment de Cayenne • sel • poivre

❶ Coupez la gousse de vanille en 2 dans le sens de la longueur et retirez les graines se trouvant à l'intérieur à l'aide de la pointe d'un couteau. Mélangez-les avec le sucre et le piment. Épluchez les gousses d'ail et coupez-les en fines lamelles. **❷** Incisez en croisillons la base des tomates et ébouillantez-les pendant 1 minute. Épluchez-les, coupez-les en 2 afin de retirer les graines. Sur un plat allant au four, mettez les demi-tomates, les lamelles d'ail et saupoudrez de sucre, de sel et de poivre. Arrosez d'huile d'olive et enfournez pour 3 heures à 120 °C (th. 4). Arrosez aussi souvent que possible les tomates du jus de cuisson. **❸** Au bout de 3 heures de cuisson, sortez les tomates confites du four et mettez-les dans un petit plat avec le jus. Laissez reposer au réfrigérateur pendant 6 heures avant de servir.

Tartare classique

🥘 4 🔪 15 min

200 g de filet de bœuf • 2 cuil. à soupe de mayonnaise maison (voir recette de base p. 141) • 1 cuil. à soupe de câpres • 4 cornichons • 1 échalote • ½ cuil. à café de ketchup • quelques gouttes de Tabasco® et de sauce anglaise Worcestershire • ½ botte de cerfeuil • ½ botte de ciboulette • sel • poivre

❶ Égouttez et hachez les câpres et les cornichons. Effeuillez et hachez le cerfeuil et la ciboulette. Épluchez et hachez l'échalote. Dans un bol, mélangez la mayonnaise avec les câpres, les cornichons, les herbes, l'échalote, le ketchup, le Tabasco®, la sauce anglaise Worcestershire, un peu de sel et de poivre. ❷ À l'aide d'un couteau bien aiguisé, retirez les petits morceaux de gras de la viande, coupez-la en fines tranches, puis en bâtonnets et en dés de 2 à 3 mm de côté. ❸ Mélangez la viande avec la sauce tartare et répartissez-la en dôme sur 4 petites assiettes. Servez aussitôt.

Notre conseil : à servir avec de très fines tranches de pain grillé. Vous pouvez utiliser d'autres herbes comme l'estragon, le persil, du basilic, de la coriandre.

Tartare à la tapenade

🍽 4 ✎ 15 min

200 g de filet de bœuf • 1 cuil. à soupe de tapenade noire • 1 cuil. à soupe de câpres • 1 oignon nouveau • 1 dizaine de brins de basilic à petites feuilles • 4 cuil. à soupe d'huile d'olive • 1 cuil. à soupe de vinaigre balsamique • 50 g de parmesan • sel • poivre

❶ Égouttez et hachez les câpres. Effeuillez le basilic. Épluchez et hachez l'oignon. Dans un bol, mélangez la tapenade avec les câpres, le basilic, le vinaigre, l'huile, l'oignon, un peu de sel et de poivre. ❷ À l'aide d'un couteau bien aiguisé, retirez les petits morceaux de gras de la viande, coupez-la en fines tranches, puis en bâtonnets et en dés de 2 à 3 mm de côté. ❸ Mélangez la viande avec la sauce à la tapenade et répartissez-la en dôme sur 4 petites assiettes. Réalisez à l'aide d'un couteau Économe des copeaux de parmesan et décorez-en les tartares. Servez aussitôt.

Carpaccio de bœuf

🍪 4   🥄 15 min   🍳 5 min

200 g de filet de bœuf • 1 cuil. à soupe de câpres • 4 cuil. à soupe d'huile d'olive • 1 cuil. à soupe de pignons de pin • 1 dizaine de brins de basilic à petites feuilles • sel • poivre

❶ Égouttez et épongez les câpres à l'aide de papier absorbant. Effeuillez le basilic. ❷ Dans une poêle sans matières grasses, faites revenir les pignons de pin sans cesser de remuer. Dès qu'ils commencent à colorer, retirez-les immédiatement de la poêle. ❸ À l'aide d'un couteau bien aiguisé, enlevez les petits morceaux de gras de la viande et coupez-la en fines tranches comme du saumon fumé ou du jambon cru. ❹ Répartissez au fur et à mesure les tranches de viande sur 4 assiettes. Assaisonnez avec du sel, du poivre, les câpres, les pignons, et terminez par l'huile d'olive et le basilic. Gardez au réfrigérateur ou servez aussitôt.

Notre conseil : vous pouvez ajouter de petits copeaux de parmesan.

Tartare thaï

 4 🥄 15 min

200 g de filet de bœuf • 1 échalote • ½ gousse d'ail • 1 pincée de piment de Cayenne • 1 citron vert • 2 cuil. à soupe de sauce soja • 2 cuil. à soupe de sauce nuoc-mâm • 1 cuil. à café de cassonade • 10 brins de coriandre + 2 pour la décoration • 10 brins de menthe + 2 pour la décoration • sel • poivre

❶ À l'aide d'un couteau bien aiguisé, retirez les petits morceaux de gras de la viande, coupez-la en fines tranches, puis en bâtonnets et en dés de 2 à 3 mm de côté. ❷ Épluchez et hachez l'échalote. Effeuillez et coupez grossièrement la coriandre et la menthe. Mélangez la viande avec les herbes et l'échalote. ❸ Dans un petit mixeur, mettez la cassonade, l'ail, le piment, la sauce soja, la sauce nuoc-mâm et le jus du citron vert. Actionnez votre robot jusqu'à ce que vous obteniez une sauce homogène. ❹ Mélangez la viande avec la sauce et répartissez-la en dôme sur 4 petites assiettes. Décorez avec des feuilles entières de coriandre et de menthe et servez aussitôt.

Tartare de légumes

🐻 4   🥄 20 min

---

1 cuil. à soupe de câpres • 1 oignon nouveau • 2 courgettes • 2 tomates • 1 poivron jaune • 1 dizaine de brins de basilic à petites feuilles • 1 cuil. à soupe de caviar d'aubergines • 4 cuil. à soupe d'huile d'olive • 1 cuil. à soupe de vinaigre balsamique • 1 cuil. à soupe d'olives noires à la grecque dénoyautées • sel • poivre

---

❶ Égouttez et hachez les câpres. Effeuillez le basilic. Épluchez et hachez l'oignon. ❷ À l'aide d'un rasoir à légumes, épluchez les tomates et le poivron. Coupez ces légumes en 4 afin de retirer les graines et les membranes. Détaillez-les en petits dés de 2 à 3 mm. Retirez le bout des courgettes et détaillez-les aussi en petits dés. ❸ Dans un saladier, mélangez tous les légumes avec le caviar d'aubergines, l'huile d'olive et le vinaigre. Assaisonnez avec du sel et du poivre et répartissez le tartare en dôme sur 4 petites assiettes. Décorez avec des feuilles entières de basilic, quelques olives et servez aussitôt.

Notre conseil : vous pouvez aussi décorer ce tartare de légumes de demi-œufs de caille mollets.

Cassolette de champignons sauvages et œufs de truite

🍪 4   🥄 10 min   ⬜ 15 min

---

400 g de mélange de champignons sauvages (au rayon surgelés) • 1 petit pot d'œufs de truite • 10 cl de crème fraîche épaisse • 10 cl de vin blanc sec • 1 échalote • 2 cuil. à soupe d'huile d'olive • 20 g de beurre demi-sel • 1 dizaine de brins de cerfeuil • sel • poivre

---

❶ Effeuillez le cerfeuil. Épluchez et hachez l'échalote. **❷** Dans une grande poêle, faites fondre le beurre avec l'huile. Lorsque le beurre ne mousse plus, mettez l'échalote et les champignons sur feu vif. Laissez cuire 5 à 7 minutes : les champignons vont perdre leur eau et commencer à griller. **❸** Versez le vin et laissez réduire jusqu'à ce qu'il ne reste plus de liquide. Ajoutez la crème et mélangez bien. Portez à ébullition et laissez réduire 1 à 2 minutes. Coupez le feu et vérifiez l'assaisonnement. Répartissez les champignons dans 4 cassolettes ou petites assiettes. Posez dessus 1 cuillerée à café d'œufs de truite et parsemez de pluches de cerfeuil. Servez aussitôt.

Notre conseil : vous pouvez aussi réaliser cette recette avec une seule variété de champignons. Je vous recommanderais les suivants : chanterelles, girolles, gueules-de-loup, pleurotes ou pieds-de-mouton.

Tempura de légumes

🍳 4 🍴 15 min 🔲 20 min

·····

1 poignée de haricots verts • 2 carottes • 2 courgettes • 1 patate douce • 1 aubergine • 100 g de farine de riz • 100 g de farine de blé • 10 cl de mirin (saké japonais pour la cuisine) • 10 cl de sauce soja • ¼ de botte de ciboulette • ¼ de botte de coriandre • 1 pincée de piment de Cayenne • huile de friture • sel • poivre

·····

❶ Épluchez les carottes et la patate douce. Éboutez les courgettes, l'aubergine et les haricots verts. Découpez tous les légumes en bâtonnets de la longueur des haricots verts. Hachez la ciboulette et les feuilles de coriandre et mélangez ces 2 ingrédients dans un bol avec le mirin, le piment et la sauce soja. ❷ Dans un saladier, mélangez les farines, avec un peu de sel et de poivre. Versez doucement de l'eau glacée jusqu'à ce que vous obteniez une pâte à frire dont la consistance ressemble à celle de la pâte à crêpes (utilisez 10 à 15 cl d'eau). ❸ Faites chauffer l'huile. Trempez les légumes dans la pâte et faites-les frire. Lorsque la pâte est bien dorée, retirez-les et mettez-les sur du papier absorbant avant de les servir avec la sauce.

Tempura de poissons et crevettes

🍴 4   🔪 15 min   🍳 15 min

1 douzaine de gambas crues • 1 pavé de colin ou de lieu jaune • 1 pavé de saumon • 100 g de farine de riz • 100 g de farine de blé • 10 cl de mirin (saké japonais pour la cuisine) • 10 cl de sauce soja • ¼ de botte de ciboulette • ¼ de botte de coriandre • 1 pincée de piment de Cayenne • huile de friture • sel • poivre

❶ Décortiquez les gambas, enlevez la tête et incisez la queue afin de retirer le boyau noir. Ôtez la peau et les arêtes du saumon et du lieu. Découpez les poissons en bâtonnets de la même taille que les crevettes. ❷ Hachez la ciboulette et les feuilles de coriandre et mélangez ces 2 ingrédients dans un bol avec le mirin, le piment et la sauce soja. ❸ Dans un saladier, mélangez les farines, avec un peu de sel et de poivre. Versez doucement de l'eau glacée jusqu'à ce que vous obteniez une pâte à frire dont la consistance ressemble à celle de la pâte à crêpes (utilisez 10 à 15 cl d'eau). ❹ Faites chauffer l'huile. Trempez les crevettes et les morceaux de poissons 1 à 1 dans la pâte et faites-les ensuite frire. Lorsque la pâte est bien dorée, retirez-les et mettez-les sur du papier absorbant avant de les servir avec la sauce.

Notre conseil : vous pouvez aussi faire des tempuras de langoustines, de noix de Saint-Jacques, de bar… ou même d'huîtres.

Soupe de carottes, chantilly au thym

🍲 4 • 🥄 20 min • ▦ 20 min

- -
600 g de carottes • 1 pomme de terre • 2 tablettes de bouillon de volaille • 1 cuil. à café de fleur de thym • 125 g de crème fraîche épaisse • sel • poivre
- -

❶ Épluchez les carottes et la pomme de terre. Passez-les sous l'eau froide et coupez-les en gros morceaux. ❷ Dans une casserole, mettez les légumes et les tablettes de bouillon de volaille. Couvrez d'eau froide et portez à ébullition. Laissez cuire 10 à 15 minutes : les carottes doivent être fondantes. Passez la soupe au moulin à légumes muni d'une grille fine. Vérifiez l'assaisonnement. ❸ Fouettez la crème fraîche jusqu'à ce qu'elle épaississe. Ajoutez du sel, du poivre et le thym. Répartissez la soupe dans des bols ou des verrines et couvrez de chantilly au thym.

Notre conseil : vous pouvez remplacer le thym par du cumin ou du zeste d'orange.

Mini-galette de blé noir, pomme et andouillette

🍲 4 🔪 10 min 🍳 15 min

4 petites louches de pâte à galettes (voir recette p. 144) • 1 pomme de type gala ou canada • 1 douzaine de tranches d'andouille de Guéméné • 25 g de beurre demi-sel • poivre du moulin

❶ Épluchez la pomme, coupez-la en 4 afin de retirer le cœur. Coupez les quartiers en tranches. ❷ Dans une poêle antiadhésive, faites fondre le beurre. Faites d'abord revenir pendant 1 minute les tranches de pomme. Rassemblez-les 2 par 2 et faites couler dessus la pâte à galettes pour obtenir des crêpes de 5 à 8 cm de diamètre. En cours de cuisson, disposez les tranches d'andouillette en rosace sur les galettes et poivrez-les. Lorsque les galettes sont cuites, servez aussitôt.

Mini-pizza aux légumes grillés

🥟 4 🔪 15 min 🔥 15 min

1 pâte à pizza (voir recette de base p. 146) • 4 cuil. à soupe de sauce tomate (voir recette de base p. 143) • 400 g de mélange de légumes grillés (aubergines, poivrons, courgettes, champignons et autres antipasti – au rayon traiteur ou dans les épiceries italiennes) • 1 boule de mozzarella di bufala • 1 poignée de roquette

❶ Commencez par égoutter les légumes grillés et gardez l'huile pour préparer des vinaigrettes à l'huile d'olive. Égouttez aussi la mozzarella, coupez-la en petits morceaux et mettez-les dans un tamis. Nettoyez et essorez la roquette. ❷ Étalez la pâte à pizza et, à l'aide d'un emporte-pièce ou d'un bol, découpez 4 disques de 10 cm de diamètre. Disposez-les sur une plaque allant au four et étalez la sauce tomate. Répartissez harmonieusement les légumes grillés et parsemez de mozzarella. Enfournez à 200 °C (th. 7) pour 12 à 15 minutes. Il faut que la pâte dore et gonfle et que le fromage fonde et gratine. ❸ Sortez les pizzas du four et parsemez-les de roquette. Servez aussitôt.

Mini-pizza oignons, bleu et coppa

🍴 4　🥄 15 min　🍳 15 min

1 pâte à pizza (voir recette de base p. 146) • 100 g de fromage bleu type roquefort • 8 tranches de coppa • 4 cuil. à soupe de confiture d'oignons (au rayon épicerie fine) • 1 poignée de roquette

1 Coupez le roquefort en petits morceaux. Nettoyez et essorez la roquette. **2** Étalez la pâte à pizza et, à l'aide d'un emporte-pièce ou d'un bol, découpez 4 disques de 10 cm de diamètre. Disposez-les sur une plaque allant au four, étalez la confiture d'oignons et répartissez le roquefort. Enfournez à 200 °C (th. 7) pour 12 à 15 minutes. Il faut que la pâte dore et gonfle et que le fromage fonde et gratine. **3** Sortez les pizzas du four, mettez dessus les tranches de coppa et parsemez-les de roquette. Servez aussitôt.

Notre conseil : faites vous-même votre confiture d'oignons. Émincez finement 5 oignons et faites-les revenir avec un peu de beurre pendant 10 minutes. Ajoutez 4 cuillerées à soupe de cassonade, 5 cl de crème de cassis et couvrez de vin rouge. Laissez cuire à feu doux avec un peu de sel et de poivre jusqu'à ce qu'il ne reste plus de liquide. Coupez le feu et laissez refroidir avant utilisation.

Salade de framboises, yaourt à l'huile d'olive

🍪 4   🥄 15 min

....

400 g de framboises fraîches ou surgelées • 2 yaourts à la grecque • 1 gousse de vanille • 2 cuil. à café de miel liquide • 4 cuil. à café d'huile d'olive

....

❶ Coupez la gousse de vanille en 2 dans le sens de la longueur et retirez les graines se trouvant à l'intérieur à l'aide de la pointe d'un couteau. Mettez-les dans un bol avec le miel, l'huile et les yaourts. Mélangez bien et répartissez cette préparation au fond de 4 tasses ou 4 verrines.

❷ Juste avant de servir, ajoutez les framboises dans les verrines.

Gaufres aux carottes et aux myrtilles

🍳 4   🥄 15 min   🔲 15 min

4 petites louches de pâte à gaufres (voir recette de base p. 16) • 125 g de myrtilles • 3 carottes • 2 oranges • 4 cuil. à café de sirop d'érable • un peu de sucre glace • 1 pincée de sel

❶ Épluchez les carottes et coupez-les en tronçons. Détaillez-les en tranches de 2 à 3 mm d'épaisseur avant de les couper en bâtonnets. Mettez-les dans une casserole. Pressez les oranges et ajoutez-les aux carottes. Ajoutez un peu d'eau afin de couvrir les carottes et portez à ébullition. Laissez cuire 8 à 10 minutes afin que les carottes soient moelleuses. Égouttez-les et laissez refroidir.

❷ Pendant ce temps, faites cuire les gaufres. Laissez-les tiédir avant de les couper en 4 afin qu'elles aient la taille d'une bouchée. Répartissez-les sur une assiette et recouvrez-les de carottes, de myrtilles, de sirop d'érable et d'un peu de sucre glace. Servez aussitôt.

Des crêpes

👥 4 🔪 15 min 🍳 15 min

---

4 louches de pâte à crêpes (voir recette p. 144)
• 1 pomme • 1 banane • 1 poire • 3 ou 4 noisettes
décortiquées • 3 ou 4 noix de pécan • 1 cuil. à soupe
d'amandes effilées • un peu d'huile végétale

---

❶ Épluchez la pomme, la banane et la poire. Retirez
le cœur de la pomme et de la poire, coupez les fruits en
fines tranches. Concassez grossièrement les noisettes
et les noix. ❷ Dans une petite poêle antiadhésive et
bien graissée, faites de petites crêpes de 4 à 5 cm de
diamètre. Placez au centre de chacune soit 1 tranche
de poire et des éclats de noisettes, soit 1 morceau de
pomme et des amandes, soit 1 rondelle de banane et des
morceaux de noix de pécan. Retournez-les et finissez de les
cuire. Servez-les rapidement avec éventuellement un peu
de sucre glace pour les décorer.

Jeu de billes : melon, pastèque et mangue

👥 4   🥄 15 min

---

1 mangue • ½ melon de Cavaillon • 1 tranche de pastèque • 10 brins de coriandre

---

1 Épluchez la mangue. Retirez les graines du melon. Effeuillez la coriandre. **2** À l'aide d'une cuillère à pomme parisienne, réalisez des billes de melon, de pastèque et de mangue. Mettez les billes de fruits dans de petites tasses ou de petites verrines. Parsemez de coriandre et servez aussitôt.

Notre conseil : vous pouvez ajouter ou remplacer un des fruits par des framboises, des myrtilles, des mûres, des groseilles, des airelles…

Mini-éclairs vanille et chocolat

🍽 4   🥄 40 min   🔥 20 min   ⏱ 2 h

1 pâte à choux (voir recette de base p. 148) • **1 crème pâtissière** (voir recette de base p. 151) • **2 gousses de vanille** • **25 g de chocolat noir** • **1 cuil. à café de cacao amer en poudre** • **400 g de fondant** (au rayon aide à la pâtisserie)

❶ Préparez la pâte à choux et remplissez-en une poche à pâtisserie garnie d'une douille ronde d'1 cm de diamètre. Façonnez des mini-éclairs de 5 cm de long sur une plaque à pâtisserie garnie de papier sulfurisé. Enfournez à 180 °C (th. 6) pour 15 minutes : il faut que les choux gonflent et dorent. À la sortie du four, laissez-les refroidir. ❷ Pendant ce temps, préparez la crème pâtissière et, lorsqu'elle est cuite, divisez-la en 2. Dans la 1re moitié, mettez le chocolat concassé en morceaux. Mélangez bien afin d'obtenir une crème homogène. Dans la 2e, mettez les graines d'1 gousse de vanille. Pour cela, coupez-la en 2 dans le sens de la longueur et retirez les graines se trouvant à l'intérieur à l'aide de la pointe d'un couteau. Laissez refroidir. ❸ Faites fondre au bain-marie le fondant et séparez-le en 2. Dans la 1re moitié, mettez le cacao en poudre, et dans la 2e, les graines de l'autre gousse de vanille. ❹ Remplissez une poche à pâtisserie de crème à la vanille. Faites un trou sous les éclairs et garnissez-en la moitié de crème à la vanille. Trempez-les 1 à 1 dans le fondant à la vanille et laissez refroidir. Faites de même pour les éclairs au chocolat. Servez le jour même.

Notre conseil : on trouve aujourd'hui du chocolat praliné pour pâtisserie de très bonne qualité qui fera merveille dans des éclairs.

Tartelettes aux fraises

🍪 4   🥄 20 min   ⬜ 20 min   💤 3 h

400 g de fraises mara des bois ou gariguette • ½ dose de crème pâtissière (voir recette de base p. 151) • 1 gousse de vanille • ½ portion de pâte sablée (voir recette de base p. 147)

❶ Commencez par préparer la crème pâtissière en ajoutant dans le lait froid la gousse de vanille coupée en 2 dans le sens de la longueur. Faites chauffer le lait et laissez infuser la vanille 30 minutes. ❷ Étalez la pâte sablée sur un plan de travail fariné et découpez 4 disques de 12 à 15 cm de diamètre. Garnissez-en 4 moules à tartelettes. Couvrez de papier sulfurisé et de haricots secs et enfournez à 190 °C (th. 6/7) pour 10 minutes. Retirez le papier sulfurisé et poursuivez la cuisson 5 minutes afin de dorer uniformément les tartelettes. Sortez-les du four et tapissez le fond de crème pâtissière lorsqu'elles sont froides. ❸ Nettoyez, essorez et équeutez les fraises. Disposez-les harmonieusement sur les tartelettes et servez aussitôt.

Notre conseil : vous pouvez remplacer les fraises par des framboises ou des mûres. Pour obtenir un bel effet, faites fondre un peu de gelée de groseilles ou de framboises dans une petite casserole et, avant de servir, badigeonnez-en les fruits de façon à les rendre brillants.

Tartelettes aux pralines roses

🍽 4 🥄 20 min ⏲ 20 min

---

10 cl de crème liquide • 100 g d'éclats de pralines roses
• ½ portion de pâte sablée (voir recette de base p. 147)

---

❶ Étalez la pâte sablée sur un plan de travail fariné et découpez 4 disques de 12 à 15 cm de diamètre. Garnissez-en 4 moules à tartelettes. Couvrez de papier sulfurisé et de haricots secs et enfournez à 190 °C (th. 6/7) pour 10 minutes. Retirez le papier sulfurisé et poursuivez la cuisson 5 minutes afin de dorer uniformément les tartelettes. Sortez-les du four et laissez refroidir. ❷ Dans une casserole, mettez les pralines et la crème fraîche. Portez à ébullition jusqu'à ce que vous obteniez une crème rouge brillante. Si vous possédez un thermomètre, la température doit être de 115 °C. Coupez le feu et versez une fine couche de crème sur les tartelettes. Avant de servir, laissez bien reposer afin que le caramel de pralines fige.

Notre conseil : ce dessert étant très riche, vous ne pouvez mettre qu'une fine couche de praline sur les tartelettes.

Crème au chocolat

🍪 4   🥄 10 min   🔥 10 min   🧊 4 h

---

5 jaunes d'œufs • **100 g de sucre en poudre** • **25 cl de lait** • **25 cl de crème liquide** • **170 g de chocolat noir**

---

❶ Dans un saladier, mettez le sucre et les jaunes d'œufs. Fouettez jusqu'à ce que le mélange blanchisse. Faites bouillir le lait et la crème, versez le liquide sur le mélange œufs/sucre. Mettez le tout sur feu doux et laissez cuire, sans cesser de remuer, jusqu'à ce que la crème anglaise soit onctueuse (un doigt passé sur la spatule doit y laisser sa trace ; si vous avez un thermomètre, la température est d'environ 83 °C). ❷ Versez-la sur le chocolat cassé en morceaux et mélangez jusqu'à ce que celui-ci soit bien fondu. Répartissez la préparation dans des ramequins et laissez reposer 4 heures au réfrigérateur.

Notre conseil : vous pouvez faire la même recette avec du chocolat au lait ou du chocolat blanc. Dans ce cas, ne mettez que 50 g de sucre dans la crème anglaise.

Crème au café

🍳 4   🥄 10 min   🔲 1 h 30   🗒 4 h

---

5 jaunes d'œufs • 100 g de sucre en poudre • 25 cl de lait • 25 cl de crème liquide • 1 cuil. à soupe de grains de café entiers

---

❶ À l'aide d'un rouleau à pâtisserie, concassez les grains de café. **❷** Dans un saladier, mettez le sucre et les jaunes d'œufs. Fouettez jusqu'à ce que le mélange blanchisse. Faites bouillir le lait et la crème avec le café concassé et laissez infuser 10 minutes. **❸** Versez le liquide au travers d'un tamis sur le mélange œufs/sucre, répartissez le tout dans de petits verres ou des ramequins et placez-les dans un bain-marie rempli d'eau bouillante. Enfournez pour 1 heure 30 à 100 °C (th. 2/3). Sortez les crèmes du four et laissez complètement refroidir avant de déguster.

Notre conseil : vous pouvez faire la même recette avec du thé (utilisez 2 sachets de thé Earl Grey ou au jasmin) ou de la vanille (coupez 2 gousses dans la longueur et faites-les infuser 30 minutes dans le lait bouillant).

TAPAS ET AUTRES MERVEILLES DU MONDE

•

La playlist

Pour commencer :
L'album *The River* de Geoffrey Oryema
Tous les albums de Stan Getz avec une préférence
pour *The Lost Sessions* et *Jazz Samba*
L'album *Haile I Hymn* de Ijahman

Pour continuer :
Deux albums de Seu Jorge, *The Life Aquatic Studio
Sessions* et *América Brasil o Disco*

Pour finir :
L'album *Fight to win* de Femi Kuti
Le best of de Fela
L'album *Gombo Salsa* d'Africando

Quelques cocktails
(Les doses sont pour 1 personne)

Caïpirinha : dans un grand verre, écrasez dans un mortier 1 citron vert coupé en fines rondelles. Ajoutez 1 cuillerée à soupe de sirop de sucre de canne et 2 cuillerées à soupe de rhum. Pour finir, ajoutez 6 glaçons finement pilés. Remuez et attendez 5 minutes avant de servir.

Sangria : dans un grand verre, mettez 1 rondelle d'orange, 1 rondelle de citron, 1 quartier de pêche, 1 pincée de cannelle et 1 pincée de vanille. Ajoutez 10 cl de vin rouge, 3 cuillerées à soupe de limonade et laissez reposer quelques minutes. Ajoutez 4 glaçons, mélangez bien et servez.

Daïquiri : dans un shaker, mettez 6 glaçons. Ajoutez le jus d'1 citron vert, 1 cuillerée à soupe de sirop de sucre de canne et 2 cuillerées à soupe de rhum blanc cubain. Fermez le shaker et mélangez vigoureusement. Dans un verre cocktail, versez le daïquiri et décorez avec 1 fraise et 1 feuille de menthe.

Avocat flip : dans un mixeur, mettez 8 cl de jus de tomate, ¼ d'avocat mûr, 4 glaçons, 1 pincée de poivre, 1 pincée de sel de céleri et quelques gouttes de Tabasco® et de sauce anglaise. Actionnez le robot pendant 1 à 2 minutes. Servez dans un grand verre et ajoutez en décoration sur le bord du verre 1 rondelle de citron jaune.

....

Lime indien : dans un grand verre, pressez le jus d'1 citron vert, ajoutez 2 pincées de sel, 1 cuillerée à café de sucre en poudre et 15 cl d'eau plate ou gazeuse. Mélangez et, avant de servir, ajoutez 4 glaçons et 1 rondelle de citron.

Cuillerée de patate douce rôtie, brebis et noix

🙂 4 🥄 10 min 🍳 1 h

1 patate douce • 50 g de tomme de brebis basque • quelques cerneaux de noix • 1 cuil. à café de vinaigre balsamique • 3 cuil. à café d'huile d'olive • sel • poivre

❶ Dans un bol, mélangez l'huile, le vinaigre, du sel et du poivre. ❷ Nettoyez la patate douce. Mettez-la dans un plat allant au four et enfournez à 180 °C (th. 6) pour 1 heure. Au bout de ce temps, la pointe d'un couteau que vous enfoncez à cœur ne doit rencontrer aucune résistance. ❷ Sortez la patate douce du four et coupez-la en tranches épaisses. Retirez la peau et disposez les rondelles de patate sur de grandes cuillères. Coupez le fromage en cubes d'1 cm de côté et posez-les aussi sur les cuillères. Ajoutez de petits morceaux de noix et terminez par quelques gouttes de vinaigrette.

Notre conseil : vous pouvez réaliser la même recette avec du potimarron, du parmesan ou de la ricotta.

Pastèque et ventrèche de thon

🍪 4 🥄 10 min ⏲ 5 min

1 tranche de pastèque • 1 boîte de ventrèche de thon à l'huile (au rayon épiceries fines ou dans les épiceries italiennes) • 1 cuil. à soupe de pignons de pin • quelques gouttes de confit de balsamique (voir recette de base p. 141)

❶ Dans une poêle sans matières grasses, faites dorer les pignons de pin. Dès qu'ils commencent à colorer, retirez-les immédiatement de la poêle. ❷ Enlevez la peau de la pastèque et détaillez la chair en cubes de 2 cm de côté. Répartissez-les sur des cuillères. Posez par-dessus un petit morceau de chair de thon, quelques pignons de pin et terminez par une goutte de confit de balsamique. Servez aussitôt.

Notre conseil : vous pouvez remplacer la ventrèche de thon par un morceau de saumon grillé.

Pastèque, brebis et confit de balsamique

🍪 4   🥄 10 min   🍳 5 min

1 tranche de pastèque • 100 g de feta • 1 cuil. à soupe de pignons de pin • quelques gouttes de confit de balsamique (voir recette de base p. 141)

❶ Dans une poêle sans matières grasses, faites dorer les pignons de pin. Dès qu'ils commencent à colorer, retirez-les immédiatement de la poêle. ❷ Coupez la feta en dés d'1 cm de côté. Retirez la peau de la pastèque et détaillez la chair en cubes de 2 cm de côté. Répartissez-les sur des cuillères. Posez par-dessus un petit morceau de feta, quelques pignons de pin et terminez par 1 goutte de confit de balsamique. Servez aussitôt.

Notre conseil : vous pouvez remplacer la feta par 1 bille de mozzarella ou mettre 1 fine rondelle de radis rose pour ajouter du croquant.

Cocotte thaïe citronnelle, poulet et crevette

🍳 4 🥄 15 min 🍳 20 min

2 blancs de poulet • 1 douzaine de gambas crues • 25 cl de lait de coco • ½ tige de citronnelle • 2 cm de galanga ou de gingembre • 1 gousse d'ail • 1 botte de coriandre • 1 échalote • 1 cuil. à soupe de sauce nuoc-mâm • ½ botte de basilic thaï • 2 pincées de piment de Cayenne • sel • poivre

❶ Épluchez et hachez l'ail et l'échalote. Nettoyez et coupez grossièrement la coriandre, la citronnelle et le galanga. ❷ Dans une casserole, mettez tous ces ingrédients avec le lait de coco et portez à ébullition. Laissez cuire 10 minutes à feu moyen. À l'aide d'un robot plongeant, mixez longuement cette préparation afin d'obtenir une crème verte. Ajoutez le piment, le nuoc-mâm et vérifiez l'assaisonnement. ❸ Coupez les blancs de poulet en morceaux d'1 cm de large et incisez le dos des gambas afin de retirer le boyau noir. Mettez viande et crustacés dans le lait de coco et poursuivez la cuisson 10 minutes. Pendant ce temps, effeuillez le basilic thaï. ❹ Répartissez le poulet aux crevettes dans de petites cocottes ou des cassolettes. Saupoudrez généreusement de basilic thaï.

Notre conseil : vous pouvez ajouter, en même temps que le basilic, de fines lamelles de champignons de Paris ou des demi-tomates cerise. À défaut de basilic thaï, décorez avec quelques feuilles de coriandre.

Salade de bœuf thaïe

🍴 4 🔪 20 min ⏲ 15 min

200 g de filet de bœuf • 1 échalote • ½ gousse d'ail • 1 pincée de piment de Cayenne • 1 citron vert • 2 cuil. à soupe de sauce soja • 2 cuil. à soupe de sauce nuoc-mâm • 1 cuil. à café de cassonade • 10 brins de coriandre • 10 brins de menthe • 1 poignée de mesclun • 1 poignée de haricots verts • sel • poivre

❶ Dans une poêle très chaude et sans matières grasses, faites griller 1 minute de chaque côté la viande. Laissez-la refroidir dans une assiette et découpez-la en fines tranches. ❷ Équeutez les haricots et faites-les cuire 10 minutes dans de l'eau bouillante salée. Égouttez et laissez refroidir. Épluchez et hachez l'échalote. Effeuillez la coriandre et la menthe. Mélangez ces herbes avec les haricots, l'échalote et le mesclun. ❸ Dans un petit mixeur, mettez la cassonade, l'ail, le piment, la sauce soja, la sauce nuoc-mâm et le jus du citron vert. Actionnez votre robot jusqu'à ce que vous obteniez une sauce homogène. ❹ Mélangez la viande avec la sauce. Sur 4 assiettes, dressez un dôme de salade et disposez tout autour de fines tranches de viande. Ajoutez un peu de sauce et servez aussitôt.

Cocotte de curry de lotte

🍽 4   🔪 20 min   🍳 30 min

200 g de filet de lotte • 6 tomates • 2 cm de gingembre frais • 1 gousse d'ail • 1 échalote • 1 cuil. à café de poudre de curry • ½ botte de coriandre • 10 cl de lait de coco • ½ citron vert • 4 cuil. à soupe d'huile d'olive • sel • poivre

❶ Épluchez et hachez l'ail, le gingembre et l'échalote. Ébouillantez les tomates 1 minute, épluchez-les et hachez la chair. Effeuillez la coriandre. Pressez le citron et coupez le filet de lotte en cubes de 2 cm de côté. ❷ Dans une casserole, faites revenir l'ail, l'échalote et le gingembre dans l'huile pendant 4 à 5 minutes. Ajoutez le jus de citron vert, la poudre de curry, et laissez encore cuire 1 minute. Versez le lait de coco et les tomates hachées. Faites cuire 25 minutes à feu moyen : la sauce doit épaissir.

Vérifiez l'assaisonnement. ❸ Juste avant de servir, mettez le poisson dans la sauce et portez à ébullition. Comptez 4 à 5 minutes de cuisson. ❹ Répartissez le curry de lotte dans de petites cocottes ou des cassolettes. Saupoudrez généreusement de coriandre et servez.

Notre conseil : vous pouvez faire la même recette avec du saumon, des crevettes, du thon blanc ou du mérou.

Verrine de boulgour, crevettes et coriandre

🍴 4   ✎ 15 min   🍳 25 min

----

100 g de boulgour • 1 douzaine de crevettes crues • ½ citron vert • ¼ de botte de menthe • ¼ de botte de coriandre • 1 courgette • 2 tomates • 1 échalote • 1 gousse d'ail • 6 cuil. à soupe d'huile d'olive • 1 tablette de bouillon de volaille • sel • poivre

----

❶ Épluchez et hachez l'ail et l'échalote. Éboutez la courgette et coupez-la en petits dés. Faites de même pour les tomates après les avoir épluchées. Décortiquez les crevettes. Effeuillez et hachez les herbes. ❷ Dans une casserole avec la moitié de l'huile d'olive, faites revenir l'ail, l'échalote et la courgette pendant 5 minutes en remuant souvent. Ajoutez le boulgour, les tomates, la tablette de bouillon et couvrez d'eau. Assaisonnez avec le sel et le poivre. Laissez cuire à feu doux pendant 15 minutes. Si l'eau vient à manquer, ajoutez-en petit à petit. ❸ Pendant ce temps, faites griller les crevettes dans une poêle très chaude avec le reste de l'huile. Il faut qu'elles soient bien grillées. Coupez le feu, ajoutez le jus du citron et les herbes. ❹ Quand le boulgour est cuit, il doit être moelleux. Répartissez-le dans 4 verrines, ajoutez les crevettes aux herbes et servez aussitôt.

Notre conseil : vous pouvez remplacer le boulgour par du quinoa ou du riz complet. Lors de la cuisson du boulgour, vous pouvez aussi mettre du brocoli, des petits pois, des dés de poivrons…

Tarte aux calamars et roquette

🍴 4 🔪 15 min 🔲 1 h

---

500 g de calamars coupés à température ambiante (anneaux et têtes – au rayon surgelés ou dans les épiceries de produits surgelés) • 6 tomates • 2 échalotes • 1 gousse d'ail • ½ portion de pâte sablée (voir recette de base p. 147) • 1 boule de mozzarella • 2 poignées de roquette • 6 cuil. à soupe d'huile d'olive • 1 cuil. à café de sucre • sel • poivre

---

❶ Épluchez et hachez l'ail et l'échalote. Ébouillantez les tomates et épluchez la chair avant de les hacher. Égouttez les calamars, ainsi que la mozzarella avant de la couper en petits dés. ❷ Dans une grande casserole, faites chauffer la moitié de l'huile d'olive et faites-y revenir les calamars avec l'ail et l'échalote. Les calamars vont perdre leur eau. Ajoutez les tomates, le sucre, du sel et du poivre. Faites cuire jusqu'à ce qu'il ne reste presque plus d'eau : comptez 25 à 30 minutes. Vérifiez l'assaisonnement. ❸ En même temps, étalez la pâte et garnissez-en un moule à tarte et piquez-la à l'aide d'une fourchette. Couvrez de papier sulfurisé et de haricots secs. Enfournez pour 10 minutes à 190 °C (th. 6/7). Retirez le papier sulfurisé et les haricots secs et poursuivez la cuisson 10 minutes. Lorsque la pâte est bien dorée, sortez-la du four et garnissez-la des calamars à la tomate. Ajoutez la mozzarella et enfournez à nouveau pour 10 à 15 minutes afin que la mozzarella dore. ❹ Sortez la tarte du four, couvrez de roquette et assaisonnez avec le reste d'huile et un peu de poivre. Coupez en morceaux et servez rapidement.

Notre conseil : vous pouvez réaliser cette recette avec de la pâte à pizza.

Soupe de fèves au citron

🍪 4   🥄 15 min   🍳 20 min   💤 4 h

400 g de fèves écossées • 1 gousse d'ail • 1 échalote • 1 pomme de terre • 1 tablette de bouillon de volaille • 2 yaourts de type bulgare • 1 citron jaune • sel • poivre

❶ Épluchez et hachez l'ail, l'échalote et la pomme de terre. Mettez ces légumes dans une casserole avec les fèves, la tablette de bouillon, du sel, du poivre et couvrez à peine d'eau. Portez à ébullition et laissez cuire 20 minutes. ❷ Mixez longuement cette soupe, et si vous êtes patient, passez-la au moulin à légumes muni d'une grille fine. Vérifiez l'assaisonnement et laissez refroidir. ❸ Lorsque la soupe est froide, ajoutez les yaourts et le jus du citron. Mélangez bien et répartissez la soupe dans des tasses, de petits bols ou des verrines. Servez bien frais.

Notre conseil : pour décorer cette soupe, vous pouvez ajouter des brins de coriandre et de la menthe hachée.

Brochette de kefta

🍪 4   🥄 15 min   🍳 10 min

---

250 g de viande de bœuf hachée • 1 oignon nouveau • 2 pincées de piment de Cayenne • ¼ de botte de persil plat • ½ botte de coriandre • ½ gousse d'ail • 2 cuil. à soupe d'huile d'olive • 1 cuil. à café de ras el-hanout • 1 pincée de cumin • sel • poivre

---

❶ Épluchez et hachez l'ail et l'oignon. Effeuillez et hachez grossièrement les herbes. Dans un grand bol, mélangez la viande avec les épices, les herbes, l'ail, l'oignon, l'huile, du sel et du poivre. ❷ Humidifiez-vous les mains et formez de petites saucisses de viande, que vous piquerez sur de petites brochettes. ❸ Faites-les cuire au barbecue ou dans une poêle légèrement graissée. Servez chaud.

Notre conseil : à servir avec un taboulé ou un tzatziki.

Ceviche de thon sur une purée d'avocats

🍽 4 🔪 15 min 🍲 5 min ⏲ 1 h

200 g de filet de thon • 2 avocats mûrs • 2 pincées d'épices chili powder • 8 citrons verts • 4 cuil. à soupe d'huile d'olive • 4 pincées de coriandre en poudre • ½ botte de coriandre • sel • poivre

❶ Pressez les citrons et gardez le jus d'1 citron pour la purée d'avocats. ❷ Coupez le poisson en fines tranches comme pour un carpaccio. Mettez-le dans un plat et arrosez-le du jus des citrons. N'oubliez pas d'en garder pour la purée d'avocats. Laissez reposer le poisson au réfrigérateur pendant 1 heure. Effeuillez la coriandre. ❸ Sortez le poisson du jus de citron et épongez-le à l'aide de papier absorbant. Épluchez et écrasez les avocats, ajoutez les épices, le dernier jus de citron, un peu de sel et de poivre. ❹ Sur de petites assiettes, mettez une couche de purée d'avocats. Posez en rosace les tranches de thon et arrosez d'huile d'olive. Saupoudrez de coriandre en poudre, de sel, de poivre et décorez avec la coriandre fraîche. Servez aussitôt.

Notre conseil : vous pouvez réaliser la même recette avec de l'espadon, du saumon ou du cabillaud.

Sashimi de saumon à la framboise

🍴 4 🔪 10 min

2 pavés de saumon • 125 g de framboises • 2 cuil. à soupe de confit de balsamique (voir recette p. 141)

Retirez les arêtes du poisson et posez-le à plat sur une planche. À l'aide d'un couteau aiguisé, ôtez la peau. Pour cela, incisez le poisson entre la peau et la chair et, tout en maintenant la peau avec un doigt, enfoncez le couteau dans la chair. ❷ Découpez ensuite le pavé de saumon de façon perpendiculaire en tranches de 2 à 3 mm d'épaisseur. ❸ Sur des assiettes, mettez les framboises, pointes vers le haut, et couvrez chacune d'1 sashimi de saumon. Ajoutez sur chaque morceau 1 goutte de confit de balsamique. Servez aussitôt.

Notre conseil : vous pouvez remplacer le saumon par de fins filets de sardines crues.

Brochette de raisins et viande des Grisons

🧍 4 🥄 10 min

....

1 grappe de petits raisins noirs • 1 douzaine de tranches de viande des Grisons • 100 g de gruyère suisse • poivre

....

❶ Nettoyez et égrappez le raisin. Coupez les tranches de viande des Grisons en 2 dans le sens de la longueur. Retirez la croûte du fromage et détaillez-le en cubes d'1 cm de côté. ❷ Sur de petites brochettes, commencez par piquer 1 grain de raisin, mettez ensuite ½ tranche de viande des Grisons pliée en accordéon et terminez par un cube de fromage. Saupoudrez de poivre et servez aussitôt ou gardez au frais.

Notre conseil : vous pouvez évidemment varier les fromages et la charcuterie (jambon cru et cantal, coppa et bleu, fines tranches de lard fumé et comté…).

Poivrons et amandes grillés, chèvre frais

🍽 4 🔪 15 min 🔲 20 min

3 poivrons rouges • ½ oignon rouge • 3 tomates • 1 fromage de chèvre sec • 1 cuil. à soupe d'amandes effilées • 4 cuil. à soupe d'huile d'olive • 1 cuil. à café de miel liquide • 1 pincée de piment de Cayenne • sel • poivre

❶ Épluchez et hachez l'oignon. Ébouillantez les tomates 1 minute, épluchez-les et hachez la chair. Coupez les poivrons en 2 afin de retirer les graines, le pédoncule et les membranes blanches se trouvant à l'intérieur. Détaillez-les en fins bâtonnets. ❷ Dans une casserole, faites revenir l'oignon et les poivrons dans l'huile d'olive chaude en remuant souvent. Lorsque les oignons deviennent translucides, ajoutez les tomates, le piment, du sel, le miel et du poivre. Laissez cuire à feu moyen et à couvert pendant 10 minutes. Retirez le couvercle et poursuivez la cuisson encore 10 minutes. Coupez le feu et vérifiez l'assaisonnement. ❸ En même temps, faites revenir les amandes dans une poêle sans ajouter de matières grasses et sans cesser de remuer. Dès qu'elles commencent à colorer, retirez-les de la poêle. Coupez le fromage en dés d'½ cm de côté. ❹ Répartissez les poivrons dans des cuillères de grande taille. Ajoutez 1 cube de fromage et saupoudrez d'amandes effilées. Servez tiède ou froid.

Notre conseil : ne mettez les amandes qu'à la dernière seconde ; sinon, elles vont absorber l'humidité au contact du fromage et perdre ainsi leur croquant.

Purée de courgettes au lait de coco

🍽 4 🥄 15 min ⏲ 15 min

3 courgettes • 1 pomme de terre • 1 gousse d'ail • 1 échalote • 2 cm de gingembre • 1 tablette de bouillon de volaille • 10 cl de lait de coco • ½ botte de coriandre • sel • poivre

❶ Épluchez et hachez l'ail, le gingembre et l'échalote. Épluchez la pomme de terre et coupez-la en petits morceaux. Éboutez les courgettes, coupez-les en 2 dans le sens de la longueur afin de retirer les graines et détaillez-les en gros tronçons. Effeuillez la coriandre. ❷ Dans une casserole, mettez tous les légumes, le bouillon de volaille, du sel, du poivre et couvrez d'eau. Portez à ébullition et laissez cuire 12 à 15 minutes. Égouttez les légumes et passez-les au moulin à légumes muni d'une grille fine. Ajoutez petit à petit le lait de coco et vérifiez l'assaisonnement. Répartissez la purée dans des tasses ou des verrines et décorez avec quelques feuilles de coriandre.

Notre conseil : vous pouvez remplacer la coriandre par de la menthe ciselée ou ajouter quelques amandes effilées grillées.

Rougail de crevettes

🍴 4   🥄 20 min   🍳 5 min

1 douzaine de crevettes crues • 6 tomates • 1 oignon nouveau • ½ gousse d'ail • 2 cm de gingembre frais • ½ citron vert • 4 cuil. à soupe d'huile végétale • ½ botte de coriandre • ½ botte de ciboulette • sel • poivre

❶ Hachez finement l'oignon (le vert et le blanc), l'ail et le gingembre, après les avoir épluchés. Effeuillez et hachez la coriandre et la ciboulette. Ébouillantez les tomates, épluchez-les, coupez-les en 4 afin de retirer les graines et hachez la chair. ❷ Dans un saladier, mélangez les tomates avec l'ail, le gingembre, l'oignon, les herbes, du sel, du poivre, la moitié de l'huile et le jus du citron vert. Laissez reposer. ❸ Décortiquez les crevettes et faites-les dorer avec le reste d'huile dans une poêle. Salez et poivrez. ❹ Répartissez le rougail de tomates dans des verrines et ajoutez les crevettes. Servez aussitôt.

Notre conseil : le rougail est une purée de tomates qui vient de la Réunion. Vous pouvez aussi hacher les tomates au robot afin d'obtenir une purée très fine et homogène.

Confiture de tomates et agneau grillé

🍳 4 🔪 15 min 🍳 35 min

200 g de filets d'agneau • 500 g de tomates Roma • 75 g de cassonade • 1 cuil. à soupe d'amandes effilées • 2 cuil. à soupe d'huile d'olive • sel • poivre

❶ Ébouillantez les tomates pendant 1 minute et épluchez-les. Coupez-les en 4 afin de retirer les graines et hachez-les. Mettez-les dans une casserole avec la cassonade et un peu de sel et de poivre. Faites cuire à feu doux pendant 30 minutes. Vous devez obtenir une purée épaisse et rouge brillant. Laissez refroidir. Pendant ce temps, faites dorer sans cesser de remuer les amandes dans une poêle sans matières grasses. Dès qu'elles commencent à colorer, retirez-les de la poêle. ❷ Dans une poêle chaude avec l'huile, faites dorer sur tous les côtés les filets d'agneau. Salez et poivrez. Comptez environ 5 minutes de cuisson. Sortez les filets de la poêle et coupez-les en médaillons. ❸ Répartissez sur de petites assiettes une couche de confiture de tomates et disposez en rosace les médaillons d'agneau. Parsemez d'amandes effilées et servez aussitôt.

Notre conseil : à défaut d'agneau, vous pouvez utiliser des aiguillettes de canard ou de poulet.

Brochette de mangue, crevettes et tomates confites

🍴 4   🥄 15 min   🍳 5 min

½ **mangue pas trop mûre • 1 douzaine de pétales de tomates confites • 1 douzaine de gambas crues • 2 cuil. à soupe d'huile végétale • 1 pincée de piment de Cayenne • sel • poivre**

❶ Égouttez les tomates. Épluchez la mangue, retirez la chair se trouvant autour du noyau et détaillez-la en cubes d'1 cm de côté. ❷ Décortiquez les crevettes et faites-les dorer avec l'huile dans une poêle. Salez, poivrez et ajoutez le piment. ❸ Sur de petites brochettes, piquez d'abord 1 pétale de tomate confite, puis 1 gamba grillée et enfin 1 morceau de mangue. Servez aussitôt ou gardez au frais.

Notre conseil : vous pouvez ajouter sur ces brochettes un peu de coriandre hachée. Vous pouvez aussi préparer vous-même les tomates confites (voir recette des tomates confites à la vanille p. 17).

Crème de poivrons et noisettes grillées

🥄 4 🎤 20 min 🍳 40 min 🧊 2 h

3 poivrons rouges • 15 cl de crème liquide • 4 cuil. à soupe d'huile d'olive • 1 cuil. à soupe de noisettes décortiquées • 1 feuille de gélatine • sel • poivre

❶ À l'aide d'un chalumeau ou sur le feu de la gazinière, brûlez la peau des poivrons jusqu'à ce qu'elle devienne noire. Mettez-les dans un saladier et couvrez-les. Retirez ensuite la peau en la frottant avec la partie verte d'une éponge sous un filet d'eau froide. Coupez-les en 2 afin de retirer le pédoncule, les graines et les membranes blanches. Faites tremper dans l'eau froide la feuille de gélatine.

❷ Détaillez la chair des poivrons en fins bâtonnets et faites-les revenir dans une petite casserole avec l'huile d'olive, du sel et du poivre pendant 15 à 20 minutes en remuant souvent. Coupez le feu, mettez les poivrons dans le bol d'un mixeur et actionnez votre robot afin d'obtenir une purée homogène. Ajoutez la feuille de gélatine égouttée et laissez refroidir. ❸ Dans une poêle sans matières grasses, faites revenir les noisettes sans cesser de remuer, jusqu'à ce que la peau s'enlève et que la chair commence à blondir. Retirez-les de la poêle et mettez-les dans un tamis. Laissez refroidir et brassez-les entre vos mains afin de retirer la peau. Posez-les sur une planche à découper et écrasez-les grossièrement à l'aide d'un rouleau à pâtisserie ou du fond d'une casserole. ❹ Montez en chantilly la crème liquide et, lorsqu'elle est bien épaisse, ajoutez-y la purée de poivrons. Vérifiez l'assaisonnement. Répartissez la crème dans des cuillères et gardez au frais 2 heures. Juste avant de servir, saupoudrez de noisettes et servez aussitôt.

Panna cotta, coulis de fruits rouges

🍽 4 🥄 15 min 📟 10 min 🧊 4 h

30 cl de crème fleurette • 30 g de sucre semoule • 1 gousse de vanille • 2 feuilles de gélatine
Pour le coulis de fruits rouges : 200 g de fruits rouges • ½ citron jaune • 1 cuil. à soupe de sucre semoule

❶ Coupez la gousse de vanille en 2 dans le sens de la longueur. Mettez-la dans une casserole, avec le sucre et la crème. Portez à ébullition sur le feu, puis laissez infuser 30 minutes. ❷ Pendant ce temps, faites tremper les feuilles de gélatine dans l'eau froide. Faites à nouveau chauffer la crème et ajoutez la gélatine avant de couper le feu. Versez la crème au travers d'un tamis dans de petites tasses ou des verrines et laissez prendre au moins pendant 3 h 30 au réfrigérateur. ❸ Pressez le citron et mettez-le dans une casserole avec le sucre et les fruits rouges. Mixez longuement le tout avant de porter à ébullition. Passez au travers d'un moulin à légumes muni d'une grille fine et laissez refroidir. Sortez les panna cotta du réfrigérateur et couvrez de coulis avant de servir.

Cigare de chèvre au miel

🍴 4 🥄 10 min 🔲 10 min

....

5 feuilles de brick • 150 g de fromage de chèvre frais type Chavroux® ou Petit Billy® • 2 cuil. à soupe de miel • 2 cuil. à soupe d'amandes en poudre • 6 cuil. à soupe d'huile végétale

....

❶ Dans un grand bol, mélangez le fromage frais avec la poudre d'amandes et la moitié du miel. **❷** Étalez sur un plan de travail les feuilles de brick et coupez-les en 2. Humidifiez-les. Placez au centre de chaque moitié un boudin de fromage de 4 à 5 cm de long. **❸** Rabattez vers le centre les côtés des feuilles de brick, puis la partie supérieure. Terminez les cigares en les roulant sur eux-mêmes. **❸** Faites chauffer l'huile dans une poêle et faites-y dorer sur toutes les faces les cigares. Mettez-les dans une petite assiette et répartissez dessus la dernière cuillerée à soupe de miel. Laissez refroidir avant de servir.

Notre conseil : vous pouvez aromatiser le fromage avec de l'eau de fleur d'oranger, de la vanille, du gingembre, des raisins secs, de la cannelle…

Pizza aux fruits et à la vanille

🍪 4   🥄 15 min   🔲 15 m

2 pêches • 100 g de framboises ou de mûres • 100 g de mirabelles • 150 g de tomates cerise • 1 portion de pâte à pizza (voir recette de base p. 146) • 1 gousse de vanille • 2 cuil. à soupe d'huile d'olive • 1 cuil. à soupe de cassonade

❶ Posez la pâte à pizza sur une plaque à pâtisserie garnie de papier sulfurisé. ❷ Coupez la gousse de vanille en 2 dans le sens de la longueur et grattez l'intérieur à l'aide de la pointe d'un couteau afin de retirer les graines. Mélangez-les avec la cassonade. Épluchez les pêches, retirez la chair se trouvant autour du noyau et détaillez-la en quartiers. Coupez les tomates cerise en 2. Répartissez tous les fruits et les tomates sur la pizza. Saupoudrez de vanille et de cassonade, arrosez d'huile d'olive. ❸ Enfournez à 200 °C (th. 7) pour 15 minutes. La pâte doit dorer et gonfler, et les fruits doivent être cuits. Servez aussitôt.

Notre conseil : vous pouvez n'utiliser que des fruits rouges et des tomates pour faire cette pizza.

Corne de gazelle à la poudre de noisettes

🍪 4 🔪 40 min 🗄 20 min

Pour la pâte : 50 g de beurre • 125 g de farine • 2 cuil. à soupe de fleur d'oranger • 1 œuf • 1 pincée de sel
Pour la farce : 25 g de beurre • 100 g de poudre de noisettes • 50 g de poudre d'amandes • 25 g de sucre • 25 g de miel • 2 cuil. à soupe de fleur d'oranger • 1 pincée de sel

❶ Séparez le blanc du jaune d'œuf. Préparez la pâte en mélangeant le beurre et la farine. Ajoutez le sel, le jaune d'œuf puis l'eau de fleur d'oranger. Vous devez obtenir une pâte compacte et homogène. ❷ Dans le bol d'un mixeur, rassemblez tous les ingrédients de la farce et liez-les. Étalez la pâte finement et découpez-y des cercles d'environ 10 cm de diamètre. Déposez au centre de chaque cercle 1 cuillerée à soupe de farce. Refermez, soudez en humidifiant les bords et moulez en forme de corne. ❸ Battez le blanc d'œuf avec un peu d'eau et utilisez-le pour dorer les cornes de gazelle. Faites-les cuire 20 minutes dans un four préchauffé à 190 °C (th. 6/7). Sortez-les du four et laissez refroidir avant de servir.

Brochette de fruits, mini-madeleine coco

🍪 4 • 🥄 20 min • 🍳 20 min

··

300 g de petits fruits (mirabelles, fraises, framboises, cerises, abricots, mûres…) • 3 blancs d'œufs • 100 g de beurre fondu • 40 g de farine • 100 g de sucre glace • 40 g de poudre d'amandes • 1 cuil. à soupe d'un miel fort en goût (de sapin, de châtaignier ou de montagne) • 2 cuil. à soupe de noix de coco râpée • sel

··

❶ Mélangez la farine, le sucre et la poudre d'amandes. Faites fondre le beurre avec le miel et ajoutez-le à la farine. Mélangez pour homogénéiser la pâte. Montez les blancs d'œufs en neige très ferme avec 1 pincée de sel et ajoutez-les à la pâte en mélangeant délicatement. ❷ Versez la pâte dans des moules à mini-madeleines antiadhésifs en les remplissant à ras bord, saupoudrez de noix de coco et enfournez pour 10 minutes. Si vos moules ne sont pas antiadhésifs, n'oubliez pas de les graisser un peu. Les madeleines doivent être gonflées. Laissez-les tiédir avant de démouler. ❸ Nettoyez les fruits et retirez les noyaux de ceux qui en possèdent. Coupez les plus gros en 2. Sur de petites brochettes, piquez en alternance des fruits et des mini-madeleines. Servez rapidement.

Notre conseil : à la place de la noix de coco, vous pouvez aromatiser ces madeleines avec de la vanille, de la cannelle, du gingembre en poudre ou un peu de poivre long.

Spéculoos, crème vanille et fruits rouges

🍪 4   🥄 15 min   ❄️ 4 h

1 douzaine de spéculoos • 1 gousse de vanille • 200 g de faisselle au lait entier • 2 cuil. à soupe de sucre glace • 15 cl de crème liquide
Pour le coulis de fruits rouges : 200 g de fruits rouges • ½ citron jaune • 1 cuil. à soupe de sucre semoule

❶ Sortez la faisselle de son emballage et laissez-la s'égoutter pendant 4 heures. ❷ Pressez le citron et mettez-le dans une casserole avec le sucre et les fruits rouges. Mixez longuement le tout avant de porter à ébullition. Passez le coulis au travers d'un moulin à légumes muni d'une grille fine et répartissez-le dans des verrines. Mettez-les au congélateur. ❸ Coupez la gousse de vanille en 2 dans le sens de la longueur et retirez les graines se trouvant à l'intérieur à l'aide de la pointe d'un couteau. Mélangez-les au sucre glace. ❹ Montez la crème fraîche en chantilly épaisse. Ajoutez-y le sucre glace et le fromage blanc égoutté. Couvrez-en le coulis de fruits et gardez au frais jusqu'au moment de servir. À la dernière seconde, concassez sur le dessus des verrines les spéculoos.

Notre conseil : vous pouvez faire la même recette avec d'autres fruits et d'autres biscuits (abricots et galettes bretonnes ; fraises et boudoirs ; pêches et cigarettes russes…).

Confiture de lait, crumble amande et poires poêlées

🍴 4 🥄 20 min ⏲ 25 min

2 poires doyenne du comice • 150 g de pâte à crumble (voir recette de base p. 149) • 4 cuil. à soupe de confiture de lait • 25 g de beurre demi-sel

❶ Mettez la pâte à crumble sur une plaque à pâtisserie garnie de papier sulfurisé et enfournez à 180 °C (th. 6) pour 12 à 15 minutes. La pâte doit dorer mais ne doit surtout pas noircir. Retirez le crumble du four et de la plaque. Laissez refroidir et réservez. ❷ Épluchez les poires et coupez-les en cubes d'½ cm de côté. Dans une poêle, faites fondre le beurre et faites-y revenir les cubes de poires pendant 10 minutes en remuant souvent. Laissez ensuite refroidir. ❸ Tapissez de confiture de lait le fond de 4 verrines ou 4 tasses. Couvrez de poires poêlées et terminez par une généreuse couche de crumble doré. Servez aussitôt.

Notre conseil : à essayer aussi avec de la rhubarbe, des pommes ou des coings.

Tiramisu à l'orange

🍴 4 🥄 15 min ⏲ 2 h

1 douzaine de biscuits à la cuiller • 125 g de mascarpone • 100 g de sucre • 4 jaunes d'œufs • 25 cl de crème liquide entière • 2 oranges à jus bio • 4 cuil. à soupe de Grand Manier®

❶ Nettoyez les oranges et râpez-les afin de récupérer le zeste. Mélangez-le avec 1 cuillerée à soupe de sucre et pressez les oranges. Mélangez le jus au Grand Marnier®. ❷ À l'aide d'un batteur, fouettez la crème fraîche avec la moitié du sucre jusqu'à ce que vous obteniez une chantilly épaisse. Ajoutez le mascarpone et homogénéisez la crème.

Toujours à l'aide d'un batteur, fouettez les jaunes d'œufs avec le reste du sucre jusqu'à ce qu'ils blanchissent et doublent de volume. Mélangez ces 2 préparations et fouettez jusqu'à ce que la crème soit bien épaisse. ❸ Coupez les biscuits en 2 et trempez-les 1 à 1 dans le jus d'orange. Tapissez-en le fond de 4 verrines et couvrez jusqu'à mi-hauteur de crème de tiramisu. Ajoutez encore une couche de biscuits trempés et couvrez de crème. Égalisez en tapotant la base du verre et laissez reposer 2 heures au réfrigérateur. ❹ Juste avant de servir, parsemez les tiramisus de zeste et servez aussitôt.

Trifle aux cerises

🍪 4   🔪 15 min   🍳 25 min   💤 4 h

100 g de pâte à crumble (voir recette de base p. 149) • **200 g de cerises** • **200 g de faisselle au lait entier** • **15 cl de crème liquide** • **25 g de beurre demi-sel** • **1 gousse de vanille** • **½ citron jaune** • **2 cuil. à soupe de sucre glace** • **1 cuil. à soupe de sucre semoule**

❶ Sortez la faisselle de son emballage et laissez-la s'égoutter pendant 4 heures. ❷ Mettez la pâte à crumble sur une plaque à pâtisserie garnie de papier sulfurisé et enfournez à 180 °C (th. 6) pour 12 à 15 minutes. La pâte doit dorer mais ne doit surtout pas noircir. Retirez le crumble du four et de la plaque. Laissez refroidir. ❸ Dénoyautez les cerises. Dans une poêle, faites-les revenir avec le beurre, le sucre semoule et le jus de citron. Laissez cuire à feu doux 10 minutes. ❹ Coupez la gousse de vanille en 2 dans le sens de la longueur et retirez les graines se trouvant à l'intérieur à l'aide de la pointe d'un couteau. Mélangez-les au sucre glace. Montez la crème fraîche en chantilly épaisse. Ajoutez-y le sucre glace et le fromage blanc égoutté. ❺ Dans des verrines, déposez d'abord une couche de cerises, puis ajoutez du fromage blanc, des cerises, du fromage, des cerises, et terminez par des miettes de crumble. Servez aussitôt.

Notre conseil : vous pouvez réaliser des trifles avec des framboises, des mélanges de fruits rouges, des mirabelles, des prunes…

APÉRO CHIC

•

La playlist

Pour commencer :
L'album *Piano Solo* de Gonzales
L'album *Songbook Verve* d'Ella Fitzgerald

Pour continuer :
L'album *Careless Love* de Madeleine Peyroux
L'album *Piano Solo* d'Arthur H

Pour finir :
L'album *Philarmonics* d'Agnes Obel
L'album *Blue Valentine* de Tom Waits

Quelques cocktails
(Les doses sont pour 1 personne)

Bellini : épluchez une pêche jaune bien mûre et mixez-la. Mettez la moitié de la purée dans une coupe à champagne et couvrez d'un bon champagne.

Americano : dans un grand verre, mettez 1 cuillerée à soupe de Campari®, 2 cuillerées à soupe de Martini® rouge et 4 glaçons. Couvrez d'eau gazeuse (Perrier® ou Badoit®) et décorez avec 1 zeste de citron jaune.

Blue Lagon : dans un shaker, pressez ½ citron et ajoutez 1 cuillerée à soupe de curaçao, 2 cuillerées à soupe de vodka et 6 glaçons. Refermez le shaker et mélangez bien. Attendez 1 à 2 minutes et versez le Blue Lagon dans un verre à cocktail.

Cucumber Cooler : mettez ¼ de concombre nettoyé dans un mixeur ou un blender avec le jus d'½ citron vert, 1 cuillerée à café de sirop de sucre de canne et 4 glaçons. Actionnez le robot pendant 1 à 2 minutes. Versez le cocktail dans un grand verre et couvrez d'eau gazeuse.

Pink Pinneapple : dans un grand verre, mettez 10 cl de jus d'ananas frais. Ajoutez le jus d'¼ de citron vert, 4 glaçons, et couvrez d'eau gazeuse. Faites couler doucement dans le fond du verre 1 cuillerée à soupe de grenadine.

Brochette de langoustines, navets et estragon

🍴 4   🔪 10 min   🍳 20 min

....

1 douzaine de langoustines crues • 2 navets de petite taille • 4 brins d'estragon • 2 oranges à jus • 2 cuil. à soupe d'huile d'olive • sel • poivre

....

❶ Pressez les oranges. Épluchez les navets et coupez-les en rondelles les plus fines possible. ❷ Dans une petite casserole, mettez le jus d'orange et 10 cl d'eau. Portez à ébullition avec un peu de sel et plongez-y les rondelles de navets pendant 3 minutes. Elles doivent être couvertes d'eau. Sinon, ajoutez un peu d'eau. Égouttez les navets. ❸ Décortiquez les langoustines et faites-les griller dans une poêle avec l'huile d'olive chaude. Effeuillez et hachez l'estragon. ❹ Déposez 1 langoustine au centre de belles rondelles de navets. Rabattez le légume sur le crustacé et piquez-le à l'aide d'une petite brochette. Parsemez d'estragon et servez aussitôt.

Asperges aux œufs de saumon et jaune d'œuf à la ciboulette

🍴 4   🔪 20 min   🔲 15 min

1 botte d'asperges vertes • ½ botte de ciboulette • 4 jaunes d'œufs • 1 petit pot d'œufs de saumon • 15 cl de crème liquide • sel • poivre

❶ Coupez le bout sec des asperges et épluchez les pieds. Plongez-les dans une casserole d'eau bouillante salée pendant 8 à 10 minutes. ❷ Égouttez les asperges et mettez-les à plat sur 4 assiettes. Portez la crème fraîche à ébullition. Coupez le plus finement possible la ciboulette. ❸ Posez les jaunes d'œufs sur les asperges. Arrosez de crème fraîche bouillante. Parsemez de ciboulette, saupoudrez de sel et de poivre, terminez par quelques œufs de saumon. Servez immédiatement.

Notre conseil : vous pouvez remplacer les asperges vertes par des asperges blanches, mais aussi par des girolles ou des morilles simplement poêlées avec un peu d'huile d'olive et de beurre.

Huîtres aux rillettes

🪑 4 🔪 10 min

....

1 douzaine d'huîtres n° 3 • 50 g de rillettes de porc • 1 petite échalote • 2 cuil. à soupe de vinaigre de xérès • 2 cuil. à soupe de vin blanc sec • sel • poivre

....

❶ Épluchez l'échalote et hachez-la le plus finement possible. Mettez-la dans un bol avec le vin, le vinaigre, du sel et du poivre. Mélangez bien. ❷ Ouvrez les huîtres et retirez la première eau. Ajoutez un peu de sauce et terminez par une petite noisette de rillettes. Servez aussitôt.

Notre conseil : vous pouvez remplacer les rillettes par de petits morceaux d'un bon jambon cru ou de viande des Grisons.

Soupe de langoustines à la verveine

🍴 6   🔪 20 min   🍳 1 h

---

1 douzaine de langoustines • 1 oignon nouveau • 1 gousse d'ail • 2 tomates • 4 cuil. à soupe d'huile d'olive • 5 cl de crème liquide • 2 sachets de verveine • safran en poudre • poivre

---

❶ Décortiquez les langoustines. À l'aide d'un marteau, concassez grossièrement les carcasses. Épluchez et hachez l'oignon et l'ail. Mettez-les dans une casserole avec les carcasses et couvrez d'eau. Portez à ébullition et laissez cuire pendant 45 minutes. Ajoutez les sachets de verveine et laissez encore cuire 15 minutes. ❷ Incisez la base des tomates et ébouillantez-les pendant 1 minute. Ôtez la peau des tomates et hachez-les. ❸ Filtrez la soupe de langoustines à l'aide d'un tamis assez fin. Le goût doit être fort. Ajoutez les tomates et mixez longuement afin d'obtenir une soupe épaisse et homogène. Poivrez. ❹ Dans une poêle, faites chauffer l'huile d'olive. Ajoutez les langoustines et faites-les cuire 1 minute de chaque côté. Poivrez-les. Coupez-les en 4. Dans de jolis bols, versez la soupe et les langoustines grillées, ajoutez de la crème fraîche et 1 pointe de safran. Servez aussitôt.

Verrine de crabe, tomate, salicorne et safran

🍽 4   🥄 20 min

- -

100 g de chair de crabe • 1 avocat • 4 tomates Roma • 1 cuil. à soupe de salicornes • 1 dose de safran en poudre • ½ botte de ciboulette • ½ citron jaune • 4 cuil. à soupe d'huile d'olive • sel • poivre

- -

❶ Pressez le citron et mélangez son jus avec l'huile d'olive, le safran, du sel et du poivre. Égouttez la chair de crabe. ❷ Ébouillantez les tomates, épluchez-les et coupez-les en 4 afin de retirer les graines. Hachez la chair. Coupez aussi les salicornes et la ciboulette en petits morceaux. Épluchez et dénoyautez l'avocat, coupez sa chair en petits dés. ❸ Mélangez la sauce avec les salicornes, la ciboulette, les tomates et l'avocat. Répartissez cette salade dans 4 tasses ou 4 verrines et ajoutez par-dessus la chair de crabe. Servez rapidement.

Notre conseil : le crabe peut être remplacé par des huîtres, des crevettes, des langoustines, ou même des médaillons de langouste ou de homard.

Tartare de saint-jacques

🧑 4   🥄 15 min

1 douzaine de noix de Saint-Jacques fraîches • ½ botte de ciboulette • 1 citron vert • 4 cuil. à soupe d'huile d'olive • 4 tranches de pain de campagne ou de baguette extra-fines • sel • poivre

❶ Épongez les noix de Saint-Jacques et coupez-les en tranches. Détaillez-les en bâtonnets, puis en dés de 2 à 3 mm de côté. ❷ Coupez le plus finement possible la ciboulette. Nettoyez la peau du citron et râpez-la afin de récupérer le zeste (veillez à ne pas râper la peau blanche, qui est amère) et mélangez-le avec les noix. Ajoutez la ciboulette, du sel, du poivre et l'huile. Mélangez bien et répartissez le tartare dans de petites verrines. Accompagnez de tranches de pain grillées.

Carpaccio de foie gras

🦐 4   🥄 20 min

200 g de foie gras de canard cru du Sud-Ouest • 1 petit pot de confit d'oignons • fleur de sel • poivre du moulin

À l'aide d'une mandoline, d'une trancheuse à jambon ou d'un grand couteau bien aiguisé, découpez le foie gras cru en très fines tranches. Répartissez-le sur 4 petites assiettes. Saupoudrez généreusement de fleur de sel et de poivre. Terminez en répartissant quelques touches de confit d'oignons.

Notre conseil : le foie gras doit être bien froid pour être facile à couper. N'hésitez pas à le mettre au congélateur ½ heure avant de le découper. Par ailleurs, le foie gras cru s'oxyde très vite : si vous voulez préparer ces assiettes à l'avance, badigeonnez le carpaccio de gelée.

Brochette de pétoncles, sirop d'érable réduit et gingembre

🍴 4   🥄 15 min   🍳 15 min

---

1 trentaine de noix de pétoncles • 2 cm de gingembre frais • 10 cl de sirop d'érable • 2 cuil. à soupe d'huile d'olive • sel • poivre

---

❶ Commencez par piquer sur de petites brochettes 4 noix de pétoncles. Épluchez le gingembre et hachez-le finement. **❷** Dans une casserole, faites réduire le sirop d'érable d'1/3 afin de l'épaissir. En fin de cuisson, ajoutez le gingembre. **❸** Dans une poêle, faites revenir rapidement avec l'huile, du sel et du poivre les brochettes de pétoncles. **❹** Répartissez-les sur de petites assiettes et arrosez d' 1 cuillerée de sirop d'érable au gingembre.

Notre conseil : vous pouvez faire la même recette en remplaçant les pétoncles par des langoustines et le sirop d'érable par du vin moelleux tel que du sauternes.

Saumon pané aux noisettes

🥟 4   🔪 10 min   🍳 5 min

....

2 pavés de saumon • 1 œuf • 100 g de farine • 50 g de poudre de noisettes • 50 g d'éclats de noisettes • 6 cuil. à soupe d'huile végétale • sel • poivre

....

❶ Cassez l'œuf et battez-le dans une assiette creuse. Mettez la farine dans une autre assiette creuse, la poudre de noisettes et les éclats dans une autre. Salez et poivrez la farine. ❷ Après avoir retiré la peau, coupez le saumon en cubes de 2 cm de côté. Épongez-les. ❸ Passez-les d'abord dans la farine, puis dans l'œuf et enfin dans la noisette. Faites paner les morceaux dans l'huile chaude en comptant 1 minute pour chaque face. Il faut que la panure soit bien dorée. Servez rapidement, accompagné d'un peu de citron jaune.

Notre conseil : vous pouvez faire la même recette en utilisant de la poudre d'amandes ou en mélangeant amandes et noisettes.

Raviolis de cabillaud

🍪 4   🍴 20 min   📺 5 min

200 g de dos de cabillaud • 1 vingtaine de feuilles de raviolis (au rayon surgelés ou dans les épiceries asiatiques) • 1 botte de ciboulette • 150 g de ricotta • 2 cuil. à soupe d'huile d'olive • 15 cl de crème liquide • 1 tablette de bouillon de volaille • 1 œuf • sel • poivre

❶ Hachez finement la ciboulette et mélangez-en la moitié avec la ricotta. Ajoutez l'huile d'olive, du sel et du poivre. Découpez le cabillaud en tranches de 2 cm de côté et de 2 ou 3 mm d'épaisseur. ❷ Battez l'œuf avec un peu d'eau. Étalez sur un plan de travail fariné les feuilles de raviolis. Mettez au centre 1 noisette de ricotta et 1 morceau de cabillaud. Salez et poivrez. Badigeonnez les bords d'un peu d'œuf battu et repliez-les en 2 afin d'obtenir des triangles. Appuyez fortement sur les bords afin de bien les sceller. ❸ Portez une grande quantité d'eau salée à ébullition avec la tablette de bouillon. Plongez les raviolis dans l'eau pendant 3 à 4 minutes. Sortez-les et égouttez-les. Répartissez-les sur 4 assiettes. Ajoutez la ciboulette restante et un peu de crème fraîche liquide. Servez aussitôt.

Notre conseil : vous pouvez utiliser tous les poissons pour cette recette. Vous pouvez aussi ajouter un peu de parmesan, d'ail haché, de basilic, de menthe…

Carpaccio de veau aux framboises

🕸 4   🔪 20 min   ❄ 20 min

200 g de filet mignon de veau • 50 g de framboises • 1/4 de botte de ciboulette • 2 cuil. à soupe d'huile d'olive • 1 cuil. à café de vinaigre de xérès • sel • poivre

❶ Hachez le plus finement possible la ciboulette. Placez le filet mignon de veau au congélateur pendant 15 à 20 minutes afin de le durcir. Coupez-le ensuite en très fines tranches et répartissez-les sur des assiettes. ❷ Dans un petit saladier, mélangez les framboises, l'huile, le vinaigre, du sel et du poivre. Réduisez le tout en purée à l'aide d'un mixeur plongeant. Vérifiez l'assaisonnement. ❸ Répartissez par petites touches la purée de framboises sur le veau et parsemez les assiettes de ciboulette.

Notre conseil : vous pouvez ajouter sur ce carpaccio des amandes effilées grillées ou de petits morceaux de fromage de chèvre sec.

Foie gras grillé, purée de carottes à l'orange

🍳 4 🥄 30 min ⏲ 35 min

4 tranches de foie gras de canard cru • 4 carottes • ¼ de ciboulette hachée • 2 oranges à jus • 1 citron • 10 cl de vin moelleux type monbazillac • 2 cuil. à soupe de sucre en poudre • 1 tablette de bouillon de volaille • sel • poivre

❶ Épluchez les carottes et coupez-les en gros morceaux. Mettez-les dans une casserole d'eau froide avec la tablette de bouillon et portez à ébullition. Comptez 15 minutes de cuisson. Égouttez les carottes et passez-les au moulin à légumes muni d'une grille fine. Vérifiez l'assaisonnement et réservez au chaud. ❷ À l'aide d'un épluche-légumes, retirez la peau des oranges et du citron. Mettez les zestes dans une casserole d'eau froide et portez à ébullition. Recommencez l'opération une seconde fois. Égouttez les zestes, épongez-les et coupez-les en petits dés. Reversez-les dans une casserole avec le sucre et couvrez d'eau. Portez à ébullition, laissez cuire 15 minutes (il ne doit plus rester beaucoup de liquide dans la casserole). Ajoutez la ciboulette après refroidissement. ❸ Pressez les oranges et versez le jus avec le vin dans une casserole. Portez à ébullition et laissez réduire de 2/3. Assaisonnez avec un peu de poivre et quelques gouttes de jus de citron. ❹ Quadrillez légèrement les faces du foie gras et poivrez-les. Faites chauffer une poêle avec un peu de sel, faites-y dorer de chaque côté le foie gras pendant 1 à 2 minutes. Retirez-le de la poêle, mettez-le sur du papier absorbant. ❺ Portez le jus d'orange à ébullition et coupez le feu. Sur des assiettes, mettez au centre de la purée de carottes 1 tranche de foie gras. Entourez de jus d'orange réduit et posez au centre de chaque tranche 1 quenelle de zestes confits. Servez immédiatement.

Palourdes au beurre à la noisette

🐚 4 🥄 15 min ⬛ 15 min

500 g de palourdes • 75 g de beurre salé • 50 g de poudre de noisettes • 1 gousse d'ail • ¼ de botte ciboulette • 1 dizaine de brins de cerfeuil • 1 cuil. à soupe de cerfeuil haché • poivre

❶ Effeuillez le cerfeuil et la ciboulette, hachez-les finement. ❷ Dans un bol, écrasez le beurre à l'aide d'une fourchette avec l'ail haché, les herbes, la poudre de noisettes et du poivre. ❸ Dans une casserole, déposez les palourdes, ajoutez 2 cuillerées à soupe d'eau et mettez sur le feu, à couvert, afin d'ouvrir les coquillages. ❹ Lorsque toutes les palourdes sont ouvertes, égouttez-les. Retirez le « chapeau » des coquillages et répartissez le beurre à la noisette. ❺ Disposez les coquillages sur une plaque et passez-les 4 à 5 minutes sous le gril du four afin de faire gratiner le beurre. Servez chaud.

Cuillerée de purée de pêches et canard grillé

🍽 4   🔪 10 min   🍳 25 min

1 magret de canard • 2 pêches jaunes • 1 noisette de beurre • sel • poivre

❶ Épluchez les pêches et coupez-les en petits morceaux. Mettez-les dans une casserole avec le beurre, un fond d'eau, un peu de poivre et faites cuire à feu doux et à couvert pendant 10 minutes. Passez-les au moulin à légumes muni d'une grille fine. ❷ En même temps, incisez en croisillons le gras du canard et mettez-le dans une poêle chaude, côté gras en dessous. Faites cuire 5 minutes à feu moyen. Retournez le magret et poursuivez la cuisson 5 minutes. Coupez le feu et laissez la viande 5 minutes dans la poêle.

Coupez-la ensuite en tranches fines. ❸ Sur de grandes cuillères, mettez un peu de purée de pêches et posez dessus 1 tranche de magret de canard. Salez, poivrez et servez aussitôt.

Notre conseil : vous pouvez faire la même recette avec des pommes ou des abricots. Cette cuillerée sera aussi délicieuse avec du filet mignon de porc ou des morceaux de côtelettes d'agneau grillées.

Cuillerée de pistou, thon poêlé

🍴 4 ⏱ 10 min 🍳 5 min

1 botte de basilic • ½ gousse d'ail • 1 cuil. à soupe de pignons de pin • 25 g de parmesan • 10 cl d'huile d'olive • 2 pavés de thon albacore • sel • poivre

❶ Épluchez l'ail, nettoyez et essorez le basilic. Dans une poêle sans matières grasses, faites revenir les pignons de pin. Dès qu'ils commencent à colorer, retirez-les de la poêle. ❷ Dans le bol d'un mixeur, versez le basilic, l'ail, le parmesan, du sel, du poivre et les ¾ de l'huile. Actionnez votre robot jusqu'à ce que vous obteniez un pistou homogène. ❸ Coupez le thon en gros cubes de

2 cm de côté et faites-les dorer très vite dans une poêle très chaude avec le reste d'huile d'olive. ❹ Répartissez les cubes de thon sur de grandes cuillères. Décorez avec une noisette de pistou et servez aussitôt.

Cuillerée caviar d'aubergines et agneau grillé

🍳 4   🥄 30 min   🍲 3 h 50   💤 1 nuit

200 g de filets d'agneau • 2 aubergines • 1 gousse d'ail • 1 cuil. à soupe de tahiné (crème de sésame – dans les épiceries bio) • ½ citron jaune • 4 cuil. à soupe d'huile d'olive • ¼ de botte de coriandre • sel • poivre

❶ Piquez les aubergines de nombreux coups de fourchette et enfournez-les pour 3 heures à 175 °C (th. 6). La peau doit flétrir et noircir. Sortez-les du four, coupez-les en 2 et laissez-les s'égoutter toute une nuit dans un tamis. ❷ Le lendemain, retirez la chair des aubergines à l'aide d'une cuillère et hachez-la au couteau. Ajoutez le tahiné, le jus du citron, la moitié de l'huile d'olive et l'ail haché ainsi que du sel et du poivre. Répartissez ce caviar d'aubergines dans de grandes cuillères. ❸ Dans une poêle très chaude, faites griller le filet d'agneau avec le reste d'huile, du sel et du poivre. Comptez 1 à 2 minutes de chaque côté. Découpez la viande en médaillons et répartissez-la sur le caviar d'aubergines. Décorez de feuilles de coriandre et servez aussitôt.

Billes petits pois et courgettes sur une anchoïade maison

🐷 4 🥄 20 min 🍳 15 min 💤 40 min

2 courgettes • 300 g de petits pois frais • 1 petit concombre • sel
Pour l'anchoïade : 100 g d'anchois salés • 2 gousses d'ail • 1 cuil. à soupe de vinaigre de xérès • 6 cuil. à soupe d'huile d'olive • poivre

❶ Égouttez les anchois et faites-les tremper dans un grand volume d'eau froide. Au bout de 20 minutes, changez l'eau et refaites-les tremper 20 minutes. Épluchez les gousses d'ail et hachez-les finement. ❷ Égouttez les anchois et épongez-les à l'aide de papier absorbant. Dans une casserole posée sur feu doux, mettez les anchois, l'ail haché, du poivre et écrasez le tout à l'aide d'un pilon. Ajoutez le vinaigre, puis versez l'huile d'olive en un mince filet comme pour une mayonnaise tout en continuant d'écraser la préparation

avec le pilon. Vous devez obtenir une pâte homogène.
❸ Écossez les petits pois et nettoyez les courgettes. À l'aide d'une petite cuillère à pomme parisienne, réalisez des billes de courgettes. Nettoyez le concombre et détaillez-le aussi en billes. Mettez-les dans un petit bol avec du sel fin.
❹ Portez de l'eau salée à ébullition et plongez-y les billes de courgettes et les petits pois. Comptez 5 minutes de cuisson à la reprise de l'ébullition. Égouttez-les. ❺ Sur de grandes cuillères, répartissez un peu d'anchoïade, puis les billes de légumes et servez aussitôt.

Abricots rôtis au miel de sapin, brousse et pistaches

🎄 4 🔪 10 min 📅 10 min

8 abricots • 4 cuil. à café de miel de sapin • 100 g de brousse, de brocciu ou de ricotta • 1 cuil. à soupe de pistaches nature

❶ Concassez grossièrement les pistaches à l'aide d'un rouleau à pâtisserie. Coupez les abricots en 2 et dénoyautez-les. ❷ Disposez-les sur un plat allant au four, côté rond en dessous. Mettez 1 noisette de fromage au centre des abricots, recouvrez de pistaches et de miel, enfournez pour 10 minutes à 190 °C (th. 6/7). Sortez les abricots du four et laissez tiédir avant de servir.

Notre conseil : les abricots peuvent être remplacés des pêches, des quetsches, des prunes reine-claude ou des figues.

Gratin de fruits

🍽 4   🔪 15 min   ⏲ 15 min

100 g de framboises • 100 g de fraises • 100 g de mûres • quelques grappes de groseilles
Pour le sabayon : 5 cl de vin blanc moelleux • 4 jaunes d'œufs • 75 g de sucre

❶ Nettoyez et équeutez les fraises. Égrappez les groseilles. Répartissez les fruits rouges dans de petits plats à gratin après les avoir bien épongés. ❷ Dans une casserole, versez les jaunes d'œufs et le sucre avec le vin blanc moelleux. Mettez de l'eau chaude dans une grande casserole et posez-la sur feu moyen. Placez la casserole contenant le sucre et les œufs dans ce bain-marie. Fouettez vigoureusement jusqu'à ce que le mélange double de volume et s'éclaircisse. Nappez les fruits rouges de ce sabayon. ❸ Mettez les petits plats à gratin sous le gril du four pendant 5 minutes afin qu'ils dorent. Servez aussitôt.

Notre conseil : vous pouvez remplacer le vin blanc moelleux par un vin blanc sec, ou du champagne ; dans ce cas, faites-le d'abord réduire de moitié. En ce qui concerne les fruits, tous les choix sont possibles : pomme et poire, fruits exotiques, fraises et rhubarbe…

Panna cotta vanille, coulis de fruits passion et mangue

🍽 4 🔪 15 min 🍳 10 min ⏱ 4 h

50 cl de crème fleurette • 50 g de sucre semoule • 1 gousse de vanille • 3 feuilles de gélatine • ½ petite mangue bien mûre • 2 fruits de la passion • ½ citron vert • 1 cuil. à soupe de cassonade

❶ Coupez la gousse de vanille en 2 dans le sens de la longueur. Mettez-la dans une casserole avec le sucre et la crème. Portez à ébullition sur le feu, puis laissez infuser 30 minutes. ❷ Pendant ce temps, faites tremper les feuilles de gélatine dans l'eau froide. Faites à nouveau chauffer la crème et ajoutez la gélatine avant de couper le feu. Versez la crème au travers d'un tamis dans de jolis verres et laissez prendre au moins pendant 4 heures au réfrigérateur. ❸ Épluchez la mangue, retirez la chair se trouvant autour du noyau et coupez-la en dés. Coupez les fruits de la passion en 2 et retirez les graines et le jus. Passez la chair de la mangue et des fruits de la passion au moulin à légumes muni d'une grille fine. Assaisonnez avec le jus de citron et la cassonade. Sortez les panna cotta du réfrigérateur et couvrez de coulis de fruits avant de servir.

Notre conseil : s'il n'y a que des adultes, ajoutez 1 pincée de gingembre en poudre dans la panna cotta et un peu de rhum dans le coulis.

Brochette de fruits rouges

🍪 4   🥄 10 min

250 g de fraises mara des bois • 125 g de framboises • 125 g de mûres

Retirez le pédoncule des fraises et lavez-les. Sur de petites brochettes, piquez 1 fraise, 1 framboise et 1 mûre. Servez aussitôt ou gardez au réfrigérateur.

Notre conseil : vous pouvez aussi utiliser des cerises, des myrtilles, du cassis, des billes de pastèque…

Mini-tartelettes chocolat

🍪 4   🥄 15 min   🍳 15 min   💤 2 h

1 pâte sablée (voir recette de base p. 147) • 250 g de chocolat noir • 25 cl de crème liquide • 25 g de beurre doux • 1 gousse de vanille

❶ Étalez la pâte sablée sur une épaisseur de 2 à 3 mm. À l'aide d'un emporte-pièce ou d'un bol, découpez des disques de 4 cm de diamètre. Garnissez-en des moules à mini-tartelettes graissés. Couvrez de papier sulfurisé et lestez avec des haricots secs, enfournez pour 10 minutes à 190 °C (th. 6/7). Retirez le papier sulfurisé et poursuivez la cuisson 5 à 8 minutes afin que la pâte soit bien dorée.
❷ Réalisez la ganache. Concassez le chocolat et mettez-le dans un saladier. Coupez la gousse de vanille en 2 dans le sens de la longueur et mettez-la dans une casserole avec la crème. Portez à ébullition et versez sur le chocolat au travers d'un tamis. Mélangez bien afin de faire fondre le chocolat et ajoutez le beurre coupé en petits morceaux. Homogénéisez à nouveau la ganache et versez-la

rapidement sur la tarte. ❸ Laissez reposer 2 heures avant de servir afin que la ganache fige.

Mini-tartelettes citron

🪆 4   🥄 15 min   🗳 15 min   ☾ᶻᶻ 2 h

1 pâte sablée (voir recette de base p. 147) • 3 citrons jaunes non traités • 150 g de beurre doux • 2 œufs • 100 g de sucre • 1 cuil. à café de fécule de maïs

❶ Étalez la pâte sablée sur une épaisseur de 2 à 3 mm. À l'aide d'un emporte-pièce ou d'un bol, découpez des disques de 4 cm de diamètre. Garnissez-en des moules à mini-tartelettes graissés. Couvrez de papier sulfurisé et lestez avec des haricots secs, enfournez pour 10 minutes à 190 °C (th. 6/7). Retirez le papier sulfurisé et poursuivez la cuisson 5 à 8 minutes afin que la pâte soit bien dorée. ❷ Réalisez la crème au citron. Nettoyez les citrons et râpez la peau d'1 citron afin de récupérer le zeste. Pressez-les et mettez le jus dans une casserole. Dans un saladier, cassez les œufs et fouettez-les vigoureusement avec le sucre et la fécule. Ajoutez les œufs battus au jus de citron et faites cuire à feu doux jusqu'à ébullition : la crème doit épaissir. Coupez le feu, laissez reposer quelques minutes afin de faire baisser la température de la crème. ❸ Dans un petit plat haut, mettez le beurre coupé en petits morceaux et ajoutez la crème au citron. À l'aide d'un bras mixeur, mélangez ces ingrédients longuement afin d'homogénéiser et d'aérer la préparation. Laissez refroidir. ❹ Garnissez une poche à pâtisserie de crème de citron et mettez-en une belle noisette sur les tartelettes. Laissez refroidir avant de servir.

Notre conseil : vous pouvez réaliser la même recette avec des citrons verts. Pour décorer vos tartelettes et les rendre plus appétissantes, badigeonnez-les de gelée d'agrumes ou de confiture de citrons.

Mignardises fruits de la passion et chocolat au lait

🍳 4   🔪 15 min   🍳 15 min   💤 1 h

1 pâte sablée (voir recette de base p. 147) • 200 g de chocolat au lait • 4 fruits de la passion • 1 cuil. à soupe de sucre semoule • 25 g de beurre

❶ Étalez la pâte sablée sur une épaisseur de 2 à 3 mm. À l'aide d'un emporte-pièce ou d'un bol, découpez des disques de 4 cm de diamètre. Garnissez-en des moules à mini-tartelettes graissés. Couvrez de papier sulfurisé et lestez avec des haricots secs, enfournez pour 10 minutes à 190 °C (th. 6/7). Retirez le papier sulfurisé et poursuivez la cuisson 5 à 8 minutes afin que la pâte soit bien dorée. ❷ Réalisez la ganache. Dans un saladier, cassez en petits morceaux le chocolat. Coupez en 2 les fruits de la passion, passez la pulpe et le jus dans un moulin à légumes muni d'une grille fine. Mettez la purée obtenue dans une casserole avec le sucre et portez à ébullition. Versez le tout sur le chocolat. Mélangez à l'aide d'une spatule en bois jusqu'à ce que le chocolat ait totalement fondu. Ajoutez le beurre et liez à nouveau afin d'obtenir une ganache lisse et brillante, puis versez-la rapidement sur les tartelettes. Laissez reposer 2 heures avant de servir afin que la ganache fige.

Mini-chocolat liégeois

🧑‍🍳 4 🔪 10 min 📟 10 min

50 g de chocolat noir • 1 dose de crème chantilly à la vanille (voir recette de base p. 142) • 4 boules d'une bonne glace au chocolat • 5 cl de crème liquide • 1 cuil. à soupe d'amandes effilées

1 Faites dorer dans une poêle sans matières grasses les amandes effilées. Dès qu'elles commencent à colorer, retirez-les immédiatement de la poêle. **2** Dans une casserole, portez à ébullition la crème avec 5 cl d'eau. Ajoutez le chocolat concassé en morceaux et mélangez jusqu'à ce que la sauce soit homogène. **3** Dans 4 petits verres, mettez 1 boule de glace, ajoutez de la chantilly, la sauce chaude et les amandes effilées. Servez aussitôt.

Notre conseil : si vous adorez le chocolat, essayez avec du sorbet au chocolat. Plaisir garanti

TOUT LE MONDE DEHORS SOUS LES LAMPIONS

•

La playlist

Pour commencer :

Les albums *Attraction* et *Living Room* de Paris Combo
L'album *Falling Down a Mountain* des Tindersticks
L'album *Citoyens du monde* de HK et les Saltimbanks

Pour continuer :

L'album *Unplugged* de Nirvana
L'album *Colleen et les boîtes à musique* de Collen

Pour finir :

L'album *Causes perdues et musiques tropicales* de
Bernard Lavilliers
L'album *Ring and Roll* de Catherine Ringer

Quelques cocktails
(Les doses sont pour 1 personne)
....

Cidre aux fruits : dans un grand verre, mettez 1 cuillerée à soupe de calvados avec de petits morceaux de pêches blanches et jaunes. Ajoutez 4 glaçons et couvrez de cidre brut (ou doux – sans alcool).
....

Pimm's® Cup : dans un grand verre, mettez 2 cuillerées à soupe de Pimm's n° 1® (alcool anglais à base de gin aux plantes et épices) et ajoutez jusqu'à mi-hauteur du Perrier®, 4 glaçons, et remplissez de limonade. Décorez avec 1 bâton de concombre, 1 bâton de céleri et 1 brin de menthe.
....

Planteur : dans un grand verre, mettez un mélange de jus d'ananas, de mangue, de fruit de la passion, 2 cuillerées à soupe de rhum, 5 glaçons et 1 quartier de citron vert. Mélangez bien et servez aussitôt.
....

Rabbit Cooler : mettez dans un grand verre 10 cl de jus de carotte, pressez ½ citron vert, ajoutez 4 glaçons et remplissez d'eau gazeuse. Décorez avec 1 quartier de citron vert.

Iced Tea : faites infuser 1 sachet de thé noir dans un grand verre pendant 3 minutes. Retirez le sachet et ajoutez le jus d'1 quartier de citron, 1 cuillerée à soupe de sirop de sucre de canne et 1 rondelle de citron non traité. Laissez refroidir avant de mettre 5 glaçons.

Cocotte de sardines et salade de pommes au gingembre

🍴 4   🔪 15 min

2 boîtes de sardines à l'huile • 1 pomme granny-smith • 1 petit concombre • 2 cm de gingembre frais • sel • poivre

❶ Nettoyez le concombre et la pomme. Coupez-les en 4 afin de retirer le cœur ou les graines. Coupez le concombre en fines lamelles et la pomme en morceaux de la même taille. Épluchez et hachez le gingembre. Mélangez le tout et répartissez-le dans de petites cocottes. Salez et poivrez.
❷ Ouvrez les boîtes de sardines et posez-les délicatement sur la salade de pommes au gingembre. Ajoutez l'huile pour assaisonner la salade. Servez aussitôt.

Notre conseil : il est difficile de préparer à l'avance ce plat, car le gingembre et la pomme s'oxydent très vite.

Salade de petits pois, menthe et pamplemousse

🍪 4 🔪 20 min 🍳 10 min

600 g de petits pois frais • 4 brins de menthe • 1 pamplemousse • 4 cuil. à soupe d'huile d'olive • sel • poivre

❶ Écossez les petits pois et faites-les cuire 10 minutes dans de l'eau bouillante salée. Ils doivent être fondants. Égouttez-les et passez-les rapidement sous l'eau glacée afin de conserver leur belle couleur verte. ❷ À l'aide d'un couteau, coupez le bout rond du pamplemousse. Épluchez-le afin de retirer la peau et la membrane blanche qui entoure la chair. Détachez les quartiers en glissant la lame de part et d'autre des membranes qui les séparent. ❸ Effeuillez la menthe, empilez les feuilles et coupez-les en fines lanières. ❹ Dans 4 verrines, répartissez les petits pois, ajoutez le pamplemousse, la menthe, un peu de poivre, de sel, et terminez par l'huile d'olive.

Velouté de mâche et girolles

🍪 4   🥄 15 min   🍳 25 min

....

150 g de mâche • 100 g de girolles • 1 pomme de terre • 1 tablette de bouillon de volaille • 1 échalote • 1 gousse d'ail • 4 cuil. à soupe de crème liquide • 25 g de beurre • 2 cuil. à soupe d'huile d'olive • sel • poivre

....

❶ Nettoyez la mâche. Épluchez et hachez l'ail, l'échalote et la pomme de terre. Mettez-les dans une casserole. Couvrez d'eau et ajoutez la tablette de bouillon. Portez à ébullition et laissez cuire 10 minutes. Ajoutez la mâche, portez à ébullition et laissez à nouveau cuire 5 minutes. Coupez le feu, mixez longuement la soupe et vérifiez l'assaisonnement. **❷** En même temps, nettoyez les girolles et enlevez bien toutes les petites épines, mousses… Dans une poêle très chaude, faites-les griller avec le beurre et l'huile d'olive pendant 8 à 10 minutes. Salez et poivrez. **❸** Répartissez la soupe dans de jolis bols ou de jolies tasses. Ajoutez les girolles et terminez par la crème liquide. Servez aussitôt.

Notre conseil : à défaut de champignons, vous pouvez mettre des lardons grillés, de petits morceaux d'anchois salés ou marinés ou des œufs de saumon.

Taboulé aux petits légumes

🔥 4   🥄 20 min   🗄 I nuit

....

100 g de boulgour fin • **1 oignon nouveau** • **1 courgette** • **4 tomates** • **2 cuil. à soupe de raisins secs** • **½ botte de menthe** • **½ botte de coriandre** • **1 citron jaune** • **6 cuil. à soupe d'huile d'olive** • **sel** • **poivre**

....

❶ Épluchez et hachez l'oignon. Ébouillantez les tomates pendant 1 minute. Épluchez-les et hachez la chair. Retirez le bout de la courgette et détaillez-la aussi en petits dés de 2 mm de côté après l'avoir coupée en 4 afin de retirer les graines. **❷** Pressez le citron. Dans un saladier, mettez le boulgour avec le jus de citron, l'huile, du sel, du poivre et tous les légumes coupés en petits morceaux. Laissez reposer 1 nuit au réfrigérateur. **❸** Le lendemain, effeuillez et hachez les herbes. Mélangez-les avec le taboulé. Vérifiez l'assaisonnement et répartissez dans de jolies verrines. Gardez au frais ou servez aussitôt.

Notre conseil : pour aller plus vite, beaucoup plus vite, faites cuire le boulgour dans une casserole d'eau bouillante. Vous éviterez ainsi d'attendre une nuit.

Salade de truite fumée

🍪 4   🍴 20 min   ⬜ 10 min

2 tranches de truite fumée • 2 louches de pâte à galettes (voir recette de base p. 144) • 5 brins d'aneth • 4 cuil. à soupe d'huile d'olive • ½ orange • ¼ de citron jaune • 25 g de fromage frais (type Kiri® ou St Môret®) • 200 g de jeunes pousses de mesclun • ½ douzaine de tomates mirabelle (tomates cerise jaunes) • sel • poivre

❶ Dans une poêle légèrement beurrée, faites cuire les galettes. Effeuillez et hachez l'aneth. ❷ Pressez l'orange et le citron, mélangez les jus avec le fromage frais, l'aneth, l'huile d'olive, le sel et le poivre. Nettoyez et coupez les tomates cerise en 4. Coupez la truite fumée et les galettes en rectangles de 2 cm de long sur 1 cm de large. ❸ Sur de petites assiettes, répartissez d'abord le mesclun, puis ajoutez la truite, les galettes, les tomates cerise, et terminez par la sauce. Servez aussitôt.

Tartare de légumes
et magret de canard séché

🍲 4 🥄 20 min

1 douzaine de tranches de magret de canard fumé
• 1 oignon nouveau • 1 courgette • 2 tomates • 1 carotte
• 2 oranges • 1 poivron jaune • 1 dizaine de brins de
basilic à petites feuilles • 1 cuil. à soupe de tapenade
noire • 4 cuil. à soupe d'huile d'olive • 1 cuil. à soupe
de vinaigre balsamique • sel • poivre

❶ Effeuillez le basilic. Épluchez et hachez l'oignon. À l'aide
d'un couteau, coupez le bout rond des oranges. Épluchez-
les afin de retirer la peau et la membrane blanche qui
entoure la chair. Détachez les quartiers en incisant de
part et d'autre des membranes qui les séparent. ❷ À
l'aide d'un rasoir à légumes, épluchez les tomates et le
poivron. Coupez ces légumes en 4 afin de retirer les
graines et les membranes. Détaillez-les en petits dés de
2 à 3 mm. Retirez le bout des courgettes et détaillez-
les aussi en petits dés. Faites de même pour la carotte.
❸ Dans un saladier, mélangez tous les légumes avec la
tapenade, l'huile d'olive et le vinaigre. Assaisonnez avec
du sel et du poivre et répartissez en dôme sur 4 petites
assiettes. Décorez avec des feuilles entières de basilic, des

suprêmes d'oranges, disposez les tranches de magrets de canard et servez aussitôt.

Notre conseil : pour ajouter du croquant, vous pouvez mettre quelques morceaux de cerneaux de noix.

Salade de carottes au parmesan et confit de balsamique

🍴 4   🥄 15 min

4 carottes • ½ orange • 4 cuil. à soupe d'huile d'olive • 4 brins de basilic • 50 g de parmesan entier • 1 cuil. à soupe de confit de balsamique (voir recette de base p. 141) • sel • poivre

❶ Coupez le bout des carottes et râpez-les. Assaisonnez-les de sel, de poivre, d'huile d'olive et du jus de l'orange. À l'aide d'un épluche-légumes, faites des copeaux de parmesan. Effeuillez le basilic. ❷ Répartissez les carottes dans de jolies tasses ou des verrines. Ajoutez quelques feuilles de basilic, quelques copeaux de parmesan, et enfin des gouttes de vinaigre balsamique confit. Servez aussitôt ou gardez au frais.

Notre conseil : pour ajouter du croquant, faites revenir des pignons de pin dans une poêle sans matières grasses. Dès qu'ils commencent à colorer, retirez-les de la poêle et attendez qu'ils refroidissent avant d'en parsemer la salade de carottes.

Purée de céleri au citron et yaourt

🍲 4 🥄 15 min 🍳 20 min

1 petite boule de céleri • 2 cuil. à soupe de riz blanc • 1 yaourt à la grecque • ½ citron • 2 cuil. à soupe de pignons de pin • 1 cuil. à soupe de sucre semoule • sel • poivre

❶ Épluchez le céleri et coupez-le en gros morceaux. Portez de l'eau salée à ébullition et mettez-y le riz et céleri. Après la reprise de l'ébullition, comptez 15 minutes de cuisson. Égouttez le céleri et le riz et passez le tout au moulin à légumes. Vérifiez l'assaisonnement et répartissez la purée dans 4 tasses ou verrines. ❷ Dans une poêle sans matières grasses, faites colorer les pignons de pin. Dès qu'ils commencent à colorer, saupoudrez-les de sucre et, sans cesser de remuer, faites-les caraméliser. Une fois le sucre complètement fondu, retirez les pignons de la poêle et laissez-les refroidir avant de les concasser. ❸ Pressez le citron et mélangez-le au yaourt. Répartissez le mélange sur le céleri, parsemez avant de servir de pignons de pin caramélisés.

Notre conseil : vous pouvez remplacer les pignons de pin par des graines de courge, qu'on trouve dans les magasins de produits bio.

Salade de melon, speck et pignons de pin

🎄 4   🥄 10 min   🍳 5 min

100 g de roquette • ¼ de melon de Cavaillon • 4 tranches de speck • 50 g de fromage frais type St Môret® ou Carré Frais® • 2 cuil. à soupe de pignons de pin • 2 cuil. à soupe de vinaigre de balsamique • 4 cuil. à soupe d'huile d'olive • sel • poivre

❶ Dans une poêle sans matières grasses, faites colorer les pignons de pin. Dès qu'ils commencent à colorer, retirez-les de la poêle et laissez-les refroidir. ❷ Coupez les tranches de speck en morceaux de la taille d'un lardon. Retirez la peau du melon et coupez-le en morceaux. Nettoyez la roquette. Dans un bol, mélangez le vinaigre avec l'huile, du sel et du poivre. ❸ Sur de petites assiettes, répartissez la roquette, ajoutez le melon, le speck, les pignons, la vinaigrette, et terminez par de petits morceaux de fromage frais.

Notre conseil : vous pouvez faire cette recette avec du melon vert ou jaune et utiliser d'autres charcuteries (bresaola, jambon cru ou coppa).

Rouleau de printemps au saumon

🍪 10 pièces 🔪 10 min

....

2 pavés de saumon • 100 g de fromage frais type St Môret® ou Carré frais® • ¼ de concombre • ½ carotte • ½ citron vert • ¼ de mangue fraîche • 1 dizaine de feuilles de riz de petite taille (au rayon produits du monde - Asie) • 1 cuil. à soupe de menthe hachée • 1 poignée de mesclun de jeunes pousses • 4 cuil. à soupe d'huile végétale • sel • poivre

....

❶ Retirez les arêtes et la peau des pavés de saumon. Coupez-les en bâtonnets de 4 à 5 cm de long sur 1 cm de côté. ❷ Épluchez la carotte et le concombre, râpez-les finement après avoir retiré les graines. Épluchez aussi la mangue. Mélangez ces ingrédients avec le jus du citron vert, l'huile, du sel et du poivre. ❸ Mettez de l'eau chaude dans un bol. Disposez les feuilles de riz sur un chiffon humide. Badigeonnez-les d'eau chaude et étalez au centre un fin boudin de fromage frais de 4 à 5 cm de long. Ajoutez les légumes râpés, le saumon et quelques feuilles de mesclun. ❹ Rabattez vers le centre les côtés des feuilles de riz, puis la partie supérieure. Terminez les rouleaux de printemps en les roulant sur eux-mêmes. Disposez-les harmonieusement sur une assiette et parsemez-les de menthe hachée. Servez aussitôt ou gardez au frais.

Mini-cocotte de salade de pâtes

🍴 4   🥄 15 min   🍳 12 min

200 g de fusili ou de conchiglione • 1 quinzaine de petites boules de mozzarella di bufala • 1 quinzaine de pétales de tomates confites • 2 cuil. à soupe d'olives noires à la grecque dénoyautées • ½ botte de basilic à petites feuilles • 4 cuil. à soupe d'huile d'olive • sel • poivre

❶ Portez de l'eau salée à ébullition et faites cuire les pâtes al dente. Essorez-les avant de les rafraîchir à l'eau froide. Effeuillez le basilic. ❷ Égouttez la mozzarella et les pétales de tomates confites. Mélangez-les avec les pâtes et ajoutez les olives noires, le basilic et l'huile d'olive. Salez et poivrez avant de répartir la salade dans de petites cocottes. Servez aussitôt ou gardez au réfrigérateur.

Notre conseil : vous pouvez remplacer le basilic par du mesclun ou de la roquette.

Brochette de pastèque, radis et brebis

🍪 4   🔪 10 min

....

1 tranche de pastèque • **100 g de feta** • **1 douzaine de radis roses** • **4 cuil. à soupe de confit de balsamique (voir recette de base p. 141)**

....

❶ Retirez la peau de la pastèque et nettoyez les radis roses. Coupez la pastèque en cubes de 2 cm et les radis en 2. Détaillez aussi la feta en cubes d'1 cm de côté. ❷ Sur de petites brochettes, piquez d'abord 1 morceau de feta, puis 1 morceau de radis et terminez par 1 cube de pastèque. Décorez les brochettes d'1 trait de confit de balsamique et servez aussitôt.

Notre conseil : vous pouvez préparer les brochettes à l'avance, mais ne mettez le confit de balsamique qu'à la dernière minute.

Soupe de petits pois, menthe et Kiri®

🍲 4 🥄 15 min ⬜ 15 min 💤 2 h

400 g de petits pois écossés • 100 g de Kiri® • ¼ de botte de menthe • 1 petite pomme de terre • 1 échalote • 2 cuil. à soupe d'huile d'olive • 1 tablette de bouillon de volaille • sel • poivre

❶ Épluchez l'échalote et la pomme de terre, coupez-les en petits morceaux. Effeuillez la menthe et ciselez-la. ❷ Dans une casserole avec l'huile d'olive, faites revenir pendant 5 minutes la pomme de terre et l'échalote. Ajoutez 25 cl d'eau, le bouillon de volaille, et faites cuire 5 minutes à gros bouillons. Ajoutez les petits pois et un peu d'eau de façon à couvrir les légumes. Portez à ébullition et faites à nouveau cuire 5 minutes. ❸ Coupez le feu et mixez longuement la soupe après avoir ajouté le fromage. Passez au moulin à légumes et vérifiez l'assaisonnement. Laissez reposer 2 heures. ❹ Répartissez la soupe dans des bols ou des verrines et ajoutez avant de servir la menthe.

Notre conseil : vous pouvez remplacer la menthe par du cerfeuil, de l'estragon ou du basilic.

Tarte à la tomate

👥 4   🥄 20 min   🔲 30 min

....

1 pâte brisée (voir recette de base p. 150) • 1 douzaine de tomates Roma • 1 cuil. à soupe de moutarde de Dijon • 12 anchois marinés • 2 cuil. à soupe de petites olives noires niçoises • 2 cuil. à soupe de pignons de pin • sel • poivre

....

❶ Étalez la pâte et garnissez-en un moule à tarte graissé. Couvrez de papier sulfurisé et de haricots secs, enfournez pour 10 minutes à 190 °C (th. 6/7). Retirez le papier sulfurisé et poursuivez la cuisson pendant 5 à 8 minutes. La pâte doit être dorée. ❷ Pendant ce temps, ébouillantez les tomates 1 minute. Épluchez-les et coupez-les en grosses rondelles. ❸ Étalez la moutarde sur le fond de tarte, disposez en rosace les tomates, salez et poivrez. Ajoutez les anchois en étoile, les olives, et enfournez pour 20 minutes. ❹ Pendant ce temps, faites revenir dans une poêle sans matières grasses les pignons de pin. Dès qu'ils commencent à colorer, retirez-les de la poêle et répartissez-les sur la tarte avant de servir.

Notre conseil : vous pouvez ajouter sur la tarte quelques brins de basilic ou de roquette.

Brochette de thon à la tahitienne

🍴 4   🔪 15 min   ⏲ 1 h

200 g de filet de thon • 8 citrons verts • 8 cuil. à soupe de lait de coco • 1 carotte • 2 tomates • ½ botte de coriandre • sel • poivre

❶ Pressez les citrons. Coupez le poisson en cubes de 2 cm. Mettez-le dans un plat et arrosez-le du jus des citrons. Laissez-le reposer au réfrigérateur pendant 1 heure. Effeuillez la coriandre. ❷ Retirez le poisson du citron vert et épongez-le à l'aide de papier absorbant. Piquez-le sur de petites brochettes et répartissez-les sur de petites assiettes. ❸ Épluchez la carotte et râpez-la finement. Ébouillantez les tomates pendant 1 minute. Épluchez-les et coupez-les en 4 afin de retirer les graines. Détaillez la chair en petits cubes de 2 mm. ❹ Parsemez les brochettes de tomate et de carotte. Salez, poivrez, ajoutez le lait de coco et la coriandre avant de servir.

Notre conseil : vous pouvez réaliser la même recette avec du thon germon ou de la bonite.

Wraps tomate mozzarella

🐙 4   🍴 15 min   ▭ 10 min   🌙 1 h

2 tortillas de blé souple • 2 tomates Roma • 1 boule de mozzarella di bufala • 6 cuil. à soupe d'huile d'olive • 1 botte de basilic • 25 g de parmesan • ½ gousse d'ail • 1 cuil. à soupe de pignons de pin • sel • poivre

❶ Retirez le pédoncule des tomates et ébouillantez-les. Coupez-les en fines tranches et saupoudrez-les de sel fin. Égouttez la mozzarella, coupez-la en fines tranches. Épluchez la gousse d'ail. ❷ Dans une poêle sans matières grasses, faites dorer les pignons de pin. Dès qu'ils commencent à colorer, retirez-les de la poêle et mettez-les dans la cuve d'un mixeur. ❸ Effeuillez le basilic et ajoutez-le aux pignons de pin, avec le parmesan, l'ail, du sel, du poivre et l'huile d'olive. Actionnez votre robot et laissez-le tourner jusqu'à ce que vous obteniez une préparation homogène. Vérifiez l'assaisonnement. ❹ Étalez un peu de pesto sur les tortillas. Disposez au centre et en alternance des rondelles de tomate et de mozzarella. ❺ Roulez les wraps et maintenez-les fermés à l'aide de cure-dents après les avoir coupés en 2 et en biais. Servez aussitôt ou gardez au frais.

Notre conseil : vous pouvez remplacer le pesto au basilic par un pesto de roquette ou, pour être plus original, par un pesto de cerfeuil et de coriandre.

Wraps au jambon fumé

🍪 4 🥄 10 min

2 tortillas de blé souple • 2 cuil. à café de pickles noirs (légumes croquants et confits anglais – au rayon produits du monde de votre supermarché) • 2 grandes tranches de jambon blanc fumé • 4 tranches de cheddar • 1 poignée de pousses d'épinards • 2 tomates • poivre

❶ Retirez le pédoncule des tomates et ébouillantez-les. Coupez-les en fines tranches et saupoudrez-les de sel fin. Nettoyez et essorez les pousses d'épinards. ❷ Étalez sur les tortillas les pickles. Couvrez de jambon. Placez au centre les tranches de cheddar et ajoutez des pousses d'épinards et du poivre. ❸ Roulez les wraps et maintenez-les fermés à l'aide de cure-dents après les avoir coupés en 2 et en biais. Servez aussitôt ou gardez au frais.

Notre conseil : vous pouvez remplacer le jambon blanc fumé par du jambon blanc rôti aux herbes, de fines tranches de poulet ou de rosbif.

Wraps au poulet et au guacamole

🍪 4   🔪 15 min

2 tortillas de blé souple • 120 g de reste de poulet rôti (à défaut 1 blanc de poulet grillé) • 1 pincée de piment en poudre • 1 oignon nouveau • 1 tomate • ½ avocat mûr • ½ botte de coriandre • ½ citron vert • 1 pincée d'épices chili powder • sel • poivre

❶ Retirez le pédoncule de la tomate et incisez la base à l'aide de la pointe d'un couteau. Ébouillantez la tomate pendant 1 minute, retirez la peau, coupez-la en 4 afin de retirer les graines. Hachez grossièrement la chair. Coupez le vert de l'oignon (réservez le blanc pour une autre recette) et nettoyez-le avant de le trancher en fines rondelles. Mélangez-les avec la chair de tomate, un peu de sel et le piment. ❷ Effeuillez la coriandre et hachez-la grossièrement. Épluchez l'avocat et écrasez-le à l'aide d'une fourchette. Ajoutez à la purée d'avocat le jus du citron vert, un peu de sel, de poivre et les épices. Mélangez bien et vérifiez l'assaisonnement. ❸ Étalez le guacamole sur les tortillas. Répartissez les restes de poulet, les morceaux de tomate et la coriandre. ❹ Roulez les wraps et maintenez-les fermés à l'aide de cure-dents après les avoir coupés en 2 et en biais. Servez aussitôt ou gardez au frais.

Brochette de poulet mariné au yaourt

🍳 4 🥄 15 min 🍳 15 min 🧊 1 nuit

2 filets de poulet • 2 yaourts bulgares • 2 gousses d'ail • 2 cm de gingembre • 1 échalote • 1 citron vert • 1 botte de coriandre • 2 cuil. à soupe d'huile végétale • 1 cuil. à café d'épices tandoori • sel • poivre

❶ Épluchez l'ail, le gingembre et l'échalote, hachez-les finement. Effeuillez la coriandre. Coupez le poulet en morceaux de 2 à 3 cm de côté. Pressez le citron vert. Coupez le poulet en longues aiguillettes et piquez-les 1 à 1 sur de petites brochettes. ❷ Dans un grand saladier, mélangez les épices avec le jus de citron, les yaourts, l'ail, le gingembre, l'échalote, la coriandre, l'huile, du sel et du poivre. Trempez-y les brochettes et laissez-les reposer 1 nuit au réfrigérateur. ❸ Le lendemain, mettez les brochettes dans un petit plat et enfournez-les pour

15 minutes à 190 °C (th. 6/7). Elles doivent dorer et le yaourt doit se figer en perdant de l'eau. Servez aussitôt.

Notre conseil : saupoudrez de coriandre fraîche hachée et accompagnez d'un petit quartier de citron vert.

Purée de potimarron au praliné

🍽 4   🔪 20 min   🕐 25 min

½ potimarron • 2 oranges • 4 petits-suisses • 75 g de noisettes • 75 g de sucre semoule • 1 cuil. à soupe de cassonade

❶ Épluchez le potimarron et retirez les graines. Coupez-le en morceaux et mettez-les dans une casserole avec la cassonade et le jus des oranges. Couvrez et faites cuire à feu doux pendant 20 minutes. Vous devez pouvoir écraser le potimarron à l'aide d'une fourchette. Passez au moulin à légumes muni d'une grille fine et laissez refroidir avant de répartir la purée dans 4 verrines. ❷ Pendant ce temps, faites fondre le sucre semoule dans une petite casserole et laissez-le cuire jusqu'à ce qu'il se transforme en un beau caramel blond doré. Versez alors les noisettes et laissez cuire 4 à 5 minutes sans cesser de remuer. Versez-les sur une planche à découper et laissez refroidir. Concassez-les assez finement à l'aide d'un rouleau à pâtisserie ou du fond d'une casserole.❸ Mettez sur la purée de potimarron une couche de petits-suisses et saupoudrez de praliné avant de servir.

Rhubarbe rôtie, fraises et crumble

🍽 4   🥄 20 min   🍳 30 min   🌙 1 h

2 tiges de rhubarbe • 100 g de fraises mara des bois • 1 pâte à crumble (voir recette de base p. 149) • 2 cuil. à soupe de cassonade

❶ Coupez le bout de la rhubarbe et détaillez-la en tronçons. Tapissez-en le fond de 4 plats à crème brûlée et saupoudrez de cassonade. Enfournez pour 15 minutes à 180 °C (th. 6). ❷ Pendant ce temps, étalez la pâte à crumble sur une feuille de papier sulfurisé et enfournez aussi à 180 °C pour 12 à 15 minutes. ❸ Sortez du four la pâte à crumble et la rhubarbe et laissez-les refroidir.❹ Nettoyez et équeutez les fraises. Répartissez-les sur la rhubarbe et parsemez le tout de pâte à crumble. Servez aussitôt.

Fontainebleau abricot et thé vert

🍪 4 · ✎ 15 min · ▣ 15 min · ▤ 4 h

1 dizaine d'abricots bien mûrs • 1 cuil. à soupe de sucre semoule • ½ citron jaune • 200 g de faisselle au lait entier • 2 cuil. à soupe de sucre glace • 15 cl de crème liquide • 1 cuil. à café de thé vert matcha (thé vert japonais déshydraté)

❶ Sortez la faisselle de son emballage et laissez-la s'égoutter pendant 4 heures. ❷ Pressez le citron et mettez le jus dans une casserole avec le sucre et les abricots dénoyautés. Mixez longuement le tout avant de porter à ébullition. Passez au travers d'un moulin à légumes muni d'une grille fine et répartissez-le dans des verrines. Réservez au congélateur. ❸ Mélangez le sucre glace avec le thé vert. ❹ Montez la crème fraîche en chantilly épaisse. Ajoutez-y le sucre glace et le fromage blanc égoutté. Couvrez-en le coulis de fruits et gardez au frais jusqu'au moment de servir.

Notre conseil : vous pouvez remplacer le coulis d'abricots par de la crème de marrons.

Crumble de tomates cerise

🍪 4   🥄 15 min   🍳 20 min

150 g de tomates cerise cœur-de-pigeon • 150 g de fraises mara des bois • 1 pâte à crumble (voir recette de base p. 149) • 2 cuil. à soupe de cassonade • 1 gousse de vanille

❶ Ébouillantez les tomates cerise pendant 1 minute après les avoir incisées à la base. Épluchez-les. Nettoyez et équeutez les fraises. ❷ Répartissez les tomates et les fraises dans de petits plats à gratins individuels. Coupez la gousse de vanille en 2 dans le sens de la longueur et retirez les graines se trouvant à l'intérieur à l'aide de la pointe d'un couteau. Mélangez-les à la cassonade avant de la saupoudrer sur les tomates et les fraises. ❸ Enfournez-les pour 5 à 8 minutes à 190 °C (th. 6/7). Ajoutez une couche de pâte à crumble et poursuivez la cuisson pendant 10 à 12 minutes : la pâte à crumble doit être bien dorée. Laissez tiédir hors du four avant de servir.

Notre conseil : vous pouvez mettre aussi des tomates mirabelle et, pourquoi pas, des framboises ou des mûres.

Brochette de fruits rôtis

🧍 4 🔪 15 min ⏲ 10 min

....

1 quartier d'ananas • 1 dizaine de fraises • 1 dizaine de cerises • ½ mangue • 2 cuil. à soupe de cassonade • 1 pincée de gingembre en poudre • 4 cuil. à soupe de rhum blanc

....

❶ Épluchez l'ananas et coupez-le en 1 dizaine de tranches. Équeutez les fraises et dénoyautez les cerises. Épluchez la mangue, retirez la chair se trouvant autour du noyau et découpez-la en cubes de 2 cm de côté. ❷ Mélangez la cassonade avec le gingembre. ❸ Sur de petites brochettes, piquez 1 morceau d'ananas, 1 fraise, 1 morceau de mangue et 1 cerise. Saupoudrez de cassonade et arrosez de rhum, enfournez à 180 °C (th. 8) pour 10 minutes. Laissez tiédir avant de servir accompagné du jus de cuisson.

Notre conseil : vous pouvez aussi utiliser des mirabelles, des raisins, des quetsches, des quartiers de pêches ou des demi-abricots.

Cannelé

4   20 min   1 h   1 h

175 g de farine • 250 g de cassonade + 2 cuil. à soupe pour les moules • 2 jaunes d'œufs • 50 g de beurre + 25 g pour les moules • 50 cl de lait frais entier • 3 cuil. à soupe de rhum • 1 gousse de vanille

❶ Dans une casserole, mélangez le lait, le beurre, la cassonade et la gousse de vanille coupée en 2 dans le sens de la longueur. Portez à ébullition. Ôtez du feu et laissez refroidir, retirez la gousse de vanille. ❷ Ajoutez au lait refroidi la farine, le rhum, puis les œufs. Mélangez vigoureusement avec un fouet pour éviter les grumeaux. Beurrez généreusement des moules à cannelés, saupoudrez l'intérieur de cassonade et versez la pâte. Enfournez pour 1 heure à 180 °C (th. 6). La pâte doit brunir et caraméliser. ❸ Sortez les cannelés du four et démoulez-les rapidement lorsqu'ils sont chauds. Laissez-les refroidir avant dégustation.

Notre conseil : les pâtissiers ne beurrent pas leurs moules, mais ils les badigeonnent de cire d'abeille alimentaire fondue. Le goût est vraiment meilleur. Donc si vous le pouvez, utilisez de la cire d'abeille.

Mini-moelleux au chocolat

🧑 4   🥄 10 min   🍳 10 min

200 g de chocolat à 65 % • 125 g de beurre + 10 g pour le moule • 175 g de cassonade • 70 g de farine • 3 œufs • 1 pincée de sel

❶ Faites fondre le beurre dans une casserole et ajoutez le chocolat. Versez le sucre, la farine et le sel. Éteignez le feu et ajoutez les œufs 1 à 1. Assurez-vous avant d'ajouter un nouvel œuf que la pâte est bien homogène. ❷ Versez la pâte dans de petits moules graissés et enfournez à 180 °C (th. 6) pour 10 minutes. Il faut que le dessus des moelleux soit craquelé et qu'ils aient un peu gonflé. Laissez refroidir avant de démouler.

Notre conseil : si vous aimez le mélange chocolat-framboise, ajoutez 1 framboise congelée au milieu de chaque moelleux avant de les enfourner.

Brochette de fruits et financier

🧑‍🍳 4 🔪 20 min ☐ 10 min

100 g de sucre • 90 g de beurre • 75 g d'amandes en poudre • 25 g de farine • 3 gros blancs d'œufs • 125 g de fraises mara des bois • 50 g de framboises

❶ Montez les blancs d'œufs en neige très ferme. Faites fondre le beurre et laissez-le chauffer quelques minutes. Mélangez la farine, le sucre, les amandes en poudre. Ajoutez le beurre fondu. Terminez en versant les blancs d'œufs et en mélangeant délicatement. ❷ Dans des moules à financiers, versez la pâte et enfournez pour 10 minutes à 190 °C (th. 6/7). Laissez refroidir au réfrigérateur avant de démouler. Juste avant de servir, piquez sur des brochettes des financiers, des framboises et des fraises en commençant et en finissant par les fruits.

Notre conseil : vous pouvez faire la même recette en remplaçant la moitié de la poudre d'amandes par de la poudre de noisettes.

Brochette d'agrumes et quatre-quarts

🍽 4   🔪 25 min   🍳 30 min

120 g de sucre • 120 g de beurre • 2 gros œufs • 120 g de farine • 1 cuil. à soupe de crème fraîche épaisse • ½ sachet de levure chimique • 1 pincée de sel • 1 gousse de vanille • 1 orange maltaise • 1 orange navel • 1 pomélo rose

❶ Préparez d'abord le quatre-quarts. Coupez la gousse de vanille et retirez les graines se trouvant à l'intérieur à l'aide la pointe d'un couteau. Mélangez-les au sucre. Séparez les blancs des jaunes d'œufs. Dans un saladier, montez les blancs en neige très ferme avec le sel et 40 g de sucre. ❷ Dans une casserole, faites fondre le beurre et laissez-le cuire jusqu'à ce qu'il ne mousse plus. Fouettez vigoureusement les jaunes d'œufs avec le reste de sucre jusqu'à ce que le mélange blanchisse fortement. Ajoutez le beurre fondu, puis la farine et la levure chimique. ❸ Prenez 1/3 des blancs et mélangez-les aux jaunes. Fouettez vigoureusement afin de les détendre, versez le reste des blancs, la crème, et mélangez délicatement. Versez la pâte dans de petits moules graissés. Enfournez pour 15 minutes à 190 °C (th. 6/7). Pour vérifier la cuisson, enfoncez la lame d'un couteau dans le gâteau : elle doit ressortir propre mais humide. Laissez le gâteau tiédir hors du four avant de le démouler. ❹ À l'aide d'un couteau, coupez le bout rond des agrumes. Épluchez-les afin de retirer la peau et la membrane blanche qui entoure la chair. Détachez les quartiers en incisant de part et d'autre des membranes qui les séparent. ❺ Juste avant de servir, piquez sur des brochettes des mini-quatre-quarts et 2 suprêmes d'agrumes différents en commençant et en finissant par les fruits.

RECETTES DE BASE

Confit de balsamique

🍪 4   📻 15 min

20 cl de vinaigre balsamique

❶ Dans une casserole, versez le vinaigre et faites-le réduire aux ¾ à feu doux pour obtenir un liquide sirupeux. Il doit presque figer à température ambiante. ❷ Utilisez ce concentré pour décorer vos assiettes ou versez-en quelques gouttes pour rehausser le goût de vos salades.

Mayonnaise

🍪 4   🥄 15 min

20 cl d'huile de pépins de raisin • 1 jaune d'œuf • 1 cuil. à soupe de moutarde de Dijon • ½ citron jaune non traité • moulin à poivre aux 5 baies • sel

❶ Dans un saladier, mélangez l'œuf et la moutarde. À l'aide d'un fouet ou d'un batteur électrique, montez la mayonnaise en versant au fur et à mesure l'huile. Assurez-vous qu'elle est complètement absorbée par l'œuf avant d'en reverser. ❷ Pressez le citron et ajoutez le jus à la mayonnaise, ainsi qu'un peu de sel et du moulin à 5 baies.

Notre conseil : un grand classique qui n'est jamais aussi bon que fait maison. Libre à vous ensuite de l'aromatiser avec ce que vous aimez (curry, ketchup, Tabasco®, piment, sauce soja…).

Crème Chantilly à la vanille

 4   🥄 10 min

50 cl de crème liquide entière • 30 g de sucre glace • 1 gousse de vanille

❶ Bien avant de commencer, placez tous vos ingrédients et vos ustensiles au réfrigérateur. Coupez la gousse de vanille en 2 dans le sens de la longueur. À l'aide de la pointe d'un couteau, retirez les graines se trouvant à l'intérieur et mélangez-les au sucre glace. ❷ Versez la crème dans un saladier bien froid avec le sucre. À l'aide d'un batteur, fouettez-la jusqu'à ce qu'elle devienne très épaisse : les marques que fait le fouet ne retombent pas. Servez immédiatement, ou gardez la chantilly au réfrigérateur et rebattez-la quelques secondes afin de la « resserrer » avant de la servir.

Notre conseil : si une chantilly est par définition nature, vous pouvez évidemment l'aromatiser avec tout ce que vous voulez (menthe, basilic, vanille, gingembre…).

Sauce tomate

🧍 4 • 🥄 15 min • 🍳 30 min

8 tomates Roma • 1 gousse d'ail • 1 oignon • 4 cuil. à soupe d'huile d'olive • 1 cuil. à café de sucre • sel • poivre

❶ Épluchez et hachez finement l'ail et l'oignon. Retirez le pédoncule des tomates et incisez la base en croix. Ébouillantez-les pendant 1 minute. ❷ Égouttez-les, passez-les sous l'eau froide et retirez la peau avant de les hacher. ❸ Dans une cocotte, faites chauffer l'huile afin d'y faire revenir l'oignon. Laissez cuire à feu moyen pendant 10 minutes en remuant souvent afin qu'il fonde. Ajoutez les tomates, l'ail, le sucre, du sel et du poivre. Couvrez et laissez cuire à feu doux pendant 20 minutes. ❹ Coupez le feu et mixez longuement. Vérifiez l'assaisonnement.

Pâte à crêpes

12 crêpes 🥄 15 min 🍳 45 min 🌙 1 h

250 g de farine type T45 • 50 cl de lait • 3 œufs • 50 g de beurre fondu • 40 g de sucre • 1 pincée de sel

❶ Dans un saladier, mélangez la farine, le sel et le sucre. Dans un bol, fouettez le lait et les œufs, puis versez le tout sur la farine sans cesser de mélanger. Passez la pâte au travers d'un tamis et ajoutez-y le beurre fondu. Laissez reposer 1 heure au frais. ❷ Faites chauffer une poêle ou une crêpière graissée à feu moyen et versez une petite louche de pâte. Répartissez-la sur toute la surface. Retournez la crêpe après 1 ou 2 minutes de cuisson et laissez cuire encore 1 ou 2 minutes.

Pâte à galettes

12 galettes 🥄 15 min 🍳 45 min 🌙 2 h

500 g de farine de sarrasin (ou blé noir) • 1 œuf • 1 pincée de sel marin

❶ Dans un saladier, mélangez la farine et le sel. Battez l'œuf et mélangez-le à 2 verres d'eau (comptez au moins

30 cl). Versez le tout sur la farine sans cesser de mélanger. ❷ Passez au travers d'un tamis et laissez reposer au moins 2 heures. La pâte doit être un peu plus liquide qu'une pâte à crêpes pour bien s'étaler dans la poêle ou dans la crêpière. ❸ Faites chauffer une poêle ou une crêpière graissée à feu moyen et versez une petite louche de pâte. Répartissez-la sur toute la surface. Retournez la galette après 1 ou 2 minutes de cuisson et laissez cuire encore 1 ou 2 minutes.

Pâte à gaufres

10 gaufres ✎ 15 min ⬚ 50 min 💤 1 jour

250 g de farine • 3 œufs • 40 cl de lait frais entier • 75 g de beurre fondu • 30 g de sucre • 1 cuil. à soupe d'eau de fleur d'oranger • 1 pincée de sel

❶ Séparez les blancs des jaunes d'œufs. Battez les jaunes avec l'eau de fleur d'oranger. Ajoutez le lait, le beurre et mélangez de nouveau. Dans un saladier, mélangez le sucre, le sel et la farine. Versez le lait sans cesser de remuer. Si des grumeaux se forment, passez la pâte au travers d'un tamis. Mettez la pâte à reposer au réfrigérateur pendant 1 heure. ❷ Montez les blancs d'œufs en neige. Ajoutez-les à la pâte pour obtenir un mélange homogène. Graissez le gaufrier pour chaque gaufre. Versez une petite louche de pâte, refermez le gaufrier et laissez cuire jusqu'à ce qu'il n'y ait presque plus de volutes de vapeur qui s'échappent.

Pâte à pizza

1 grande pizza ✎ 15 min 🕙 repos 1 h

200 g de farine • 15 g de levure de boulanger • 1 cuil. à soupe d'huile d'olive • 1 cuil. à café de sucre en poudre • 2 pincées de sel

❶ Délayez la levure et le sucre avec 15 cl d'eau chaude. Dans un saladier, mélangez l'eau avec la farine, l'huile et le sel. Malaxez la pâte pendant 10 minutes, roulez-la en boule et laissez reposer 1 heure. ❷ Sur un plan de travail fariné, étalez en cercle la pâte et garnissez-la avant de l'enfourner.

Pâte sablée

1 tarte ✎ 110 min (z²'30 min

250 g de farine • 125 g de beurre froid • 125 g de sucre • 1 œuf • 1 pincée de sel fin

❶ Coupez le beurre en petits morceaux. Dans un saladier, versez la farine, l'œuf, le sucre et le sel. Du bout des doigts, amalgamez l'œuf et la farine jusqu'à ce que vous obteniez un sable de couleur jaune. Liez alors la pâte avec le beurre. Travaillez-la jusqu'à ce qu'elle se transforme en un pâton homogène où tous les ingrédients sont bien liés. Couvrez-la de papier film et laissez reposer 30 minutes au réfrigérateur. ❷ Sur un plan de travail fariné, étalez la pâte sur une épaisseur de 2 à 3 mm et garnissez-en un moule à tarte ou à gâteau graissé.

Pâte à choux

20 choux ou 12 éclairs ✎ 10 min 🔲 20 min

125 g de farine • 80 g de beurre • 4 œufs + 1 jaune d'œuf pour la dorure • 1 cuil. à soupe de lait en poudre • 1 cuil. à café de sucre • 1 pincée de sel

❶ Coupez le beurre en petits morceaux et mettez-le dans une casserole avec le sucre, le sel et 25 cl d'eau. Portez à ébullition, ajoutez la poudre de lait. Portez à nouveau à ébullition avant d'ajouter la farine en une seule fois. ❷ Mélangez afin d'obtenir une pâte homogène et faites-la sécher en la remuant pendant 2 à 3 minutes afin qu'elle se décolle des parois de la casserole. Coupez le feu et mettez la pâte dans un saladier. ❸ Ajoutez les œufs entiers 1 à 1 en vous assurant, avant d'en ajouter un, que le précédent est complètement intégré à la pâte. ❹ Battez le jaune d'œuf avec un peu d'eau. Remplissez aux 2/3 une poche à pâtisserie avec une douille ronde ou cannelée large (au moins 1 cm de diamètre). Serrez entre vos mains le haut de la poche, faites tourner la base afin de compresser la pâte et de la contenir lorsque vous presserez la poche. ❺ Sur une plaque à pâtisserie garnie de papier sulfurisé, faites des choux de la taille d'une balle de golf ou des éclairs de 10 cm de long. Espacez-les bien, car ils vont fortement gonfler lors de la cuisson. Badigeonnez-les avec la dorure et enfournez-les à 190 °C (th. 6/7) pour 20 minutes. Les choux doivent gonfler et dorer. Sortez-les du four et laissez-les refroidir sur une grille avant de les garnir.

Notre conseil : que les choux soient sucrés ou salés, la recette de base est toujours la même.

Pâte à crumble

pers. 4-6 🥄 15 min

50 g de cassonade • 50 g de farine • 50 g de beurre demi-sel • 50 g d'amandes effilées

❶ Dans un saladier, versez tous les ingrédients et mélangez-les en les prenant dans la paume de votre main. Ils vont alors doucement commencer à s'agglomérer et s'homogénéiser. Comptez bien 10 à 15 minutes de pétrissage. ❷ Lorsque la pâte commence à faire de gros morceaux, elle est prête. Gardez au réfrigérateur.

Pâte brisée

1 tarte 🥄 10 min

....

250 g de farine • 125 g de beurre froid • 5 cl de lait • 1 pincée de sel fin

....

❶ Coupez le beurre en petits morceaux. Dans un saladier, versez la farine, le beurre et le sel. Du bout des doigts, amalgamez le beurre et la farine jusqu'à ce que vous obteniez un sable homogène de couleur jaune. Liez rapidement la pâte avec le lait. Ne la travaillez surtout pas trop, car elle deviendrait élastique et difficile à étaler. ❷ Sur un plan de travail fariné, étalez la pâte sur une épaisseur de 2 à 3 mm et garnissez-en un moule à tarte ou à gâteau graissé.

Crème pâtissière

1 tarte ou 1 gâteau 🥄 10 min 🍳 5 min

· ·

½ l de lait frais entier • 4 jaunes d'œufs extra-frais • 100 g de sucre • 1 gousse de vanille • 2 cuil. à café de fécule de maïs

· ·

❶ Coupez la gousse de vanille en 2 dans le sens de la longueur et mettez-la dans une casserole avec le lait. Portez à ébullition. ❷ Dans un saladier, fouettez ensemble les jaunes d'œufs avec le sucre jusqu'à ce que votre mélange blanchisse fortement. Ajoutez la farine et versez en un mince filet le lait bouillant au travers d'un tamis. ❸ Mélangez bien et reversez le tout dans la casserole. Portez à nouveau à ébullition, laissez cuire 2 à 3 minutes sans cesser de remuer et versez dans un saladier. Couvrez de papier film, collez-le à la crème pâtissière pour éviter qu'elle ne dessèche et laissez refroidir.

Index des recettes

Apéro entre copains

Tapas et autres merveilles du monde

Apéro chic

Tout le monde dehors
sous les lampions

Recettes de base